天皇制と平和憲法

信州夏期宣教講座［編］

岡田　明
福嶋　揚
瀧浦　滋
辻　直人

いのちのことば社

序文

小寺　肇

今回の信州夏期宣教講座の記録集は、テーマ別に出されることになった。すなわち、二〇一七年と二〇一八年、そして二〇一九年に行われた講演の中から、「天皇制と平和憲法」というテーマに絞って出版されることになったのである。

二〇一七年八月に行われた瀧浦滋牧師のもの、二〇一八年八月に行われた岡田明氏と福島揚氏のもの、そして二〇一九年八月に行われた辻直人氏のものである。

まず、瀧浦滋牧師は、「キリスト王権の聖書的考察」という主題で、実に深く広く語っている。サイミントン（十九世紀、スコットランドの改革長老教会の牧師）の『メサイア・ザ・プリンス』をもとに、さらに聖書に基づいて考察している。特に日本のクリスチャンにとって強く迫ってくるのは、王キリストへの忠誠こそ真の「国家基軸」であるということばであろう。さらに瀧浦牧師は、「日本国憲法における天皇制」は「象徴天皇制という蓑の中で」「温存」されたものであり、「国家神道体制の冷凍保存」であって、「今や堂々と解凍されてきている」と述べる。これは実に的を射た鋭い指摘である。

このような今日の社会にあって、クリスチャンとしてどう闘うかについても具体的に論が展開されている。日本の教会がなぜキリスト信仰に立てなかったかを、日本の教会の歴史から考察し、今日的な問題である「日の丸・君が代」にどう反対するかという問題にまで論が進められている。

そして、日本社会にある、憲法改定に向かう危険な体質に抗うため、聖書的良心の自由を国家の基軸にするようにと述べる。「象徴天皇制は、終戦時の旧勢力との妥協」なので、「国家神道体制の廃絶を徹底するよう改正」することを提案する。「祭祀等、宗教性を完全に廃絶し、国王を国民の一人と見る立憲君主制、ないし大統領制」に移行すべきであるとも指摘する。「宗教性を内包する『天皇』との名称の見直しの検討も必要」と述べている。さらに、「王なる救い主キリストに仕える聖書に忠実で堅実な宣教」が絶えず祈りのうちになされることを訴える。

次は岡田明氏の講演であるが、これはまことに興味深い内容である。「天皇は憲法と皇室典範にどう位置づけられたか？――いも虫→黄金の蛹《さなぎ》→毒蛾→蝶の羽への変化論――」という主題で語られる。岡田氏の論点は、「大日本帝国時代」と「日本国時代」の断絶において、法律上、天皇の位置づけはどう変わったのか、変わらないのかにある。そして、天皇制を、古代〜近世までを第一期、幕末維新期に創り上げたものを第二期、日本国憲法下におけるものを第三期として分けて論じる。その三つの期間に共通の大事なコンセプトが、天皇は「祈る人」であったということであると言う。

そして、第一期の天皇は、緑の葉についたいも虫のように保護色で見えないが、第二期の天皇は金色の蛹にたとえられる。大権を持つ主権者、軍を指揮する大元帥であり、金色に輝き、まぶしくて近づけない存在であるというのである。さらに、その金色の蛹はこの第二期に羽化し、毒蛾に変身するという。第三期の天皇は、羽をもぎ取られはしたが、毒蛾のボディの状態で生き残り、国民を戦争に動員する装置の役割を今も、神道の祭司として日々果たしているという。こうして天皇の「祈る人」としての役割は継続することになる。

さらに岡田氏は結論部分で、「皇室の人たちに私たちと同じレベルの人権を与えるためには、日本国憲法の天皇条項（一〜八条）と『（新）皇室典範』の改廃しか」ない、と述べている。実に示唆に富んだ指摘ではなかろうか。

三つめの福嶋揚氏の講演は、「憲法九条は日本の神学である」という前提を立てて始められる。「それは、二重の意味において」だと言う。一つは「九条はキリスト教（および神学）にとって重要なテーマである」こと、もう一つは「九条は……キリスト教的（および神学的）な自己表現、自己規定である」こと。

一章では、九条の理念が日本だけでなく、普遍的なものであることが述べられ、二章では、キリスト教的な希望と九条との関係が語られる。

一章において福嶋氏は、戦争放棄をしたコスタリカの例を挙げ、九条に平和をつくり出す希望を見ようとしている。

二章では、憲法九条が「今とは異なる世界」の可能性への不可欠な道標であると述べ、モルトマンと柄谷行人から学びつつ論を進める。

福嶋氏は、モルトマンが非暴力の再洗礼派を一面では評価しつつも、もう一面ではその限界をも見ていることに着目し、敵意を愛敵へと変革する三つの方法を語る。一つは敵意の圧迫からの解放、二つめは他者の認識、そして三つめは敵意の理由の認識であると言い、「山上の垂訓」こそが暴力的世界に対する「大いなる代替案」「世界変革の倫理」であると主張する。

さらに、柄谷の交換様式論によって平和をつくり出す道を見いだそうと試みる。すなわち、四つの交換様式を掲げるのである。交換様式A（贈与と返礼）、交換様式B（支配と服従）、交換様式C（貨幣および商品の交換）である。Aは、相互扶助的だが、拘束的・閉鎖的であり、Bは、国家の本質である「暴力の独占」が前提であり、Cは、自由と平等のように見えるが、他者や自然を利潤の獲得の手段としている。だから、もう一つの交換様式Dに平和構築の鍵を見いだそうとする。このDは「キリスト教的に言えば隣人愛」であると言う。

そして結びの部分で、憲法九条とキリスト教の共通点は「贈与の力」であり、「死に至るまでのイエスの自己贈与」が「十字架刑という国家の暴力装置を、和解と平和の源泉へと変革」する出来事であると述べる。さらに、平和構築への「希望の倫理を具体化したものが、コスタリカや日本の軍事放棄の憲法」であるとも語る。

四つめの辻直人氏の講演は、一九一九〜一九三八年に日本で活動した米国宣教師ウィリス・ラマートの明治学院での抵抗と、湯浅八郎の同志社における抵抗に焦点を当てつつ、日本の当時のキリスト教学校の実態を明らかにしている。紙面の都合で詳細には触れられないが、辻氏は、ラマートが「文部省からの要求に対してキリスト教学校が従順に対応し、神社参拝は宗教行為でないと判断し」、「教育勅語の趣旨に基づいた教育を行」ったことに対して疑問を持っていたことを指摘し、キリスト教学校の教育内容の唯一の基準はキリスト（聖書）であることを、改めて訴えている。
天皇崇拝が絶対化されていくなかで、キリスト教学校にも容赦なく国家の力が押し迫ってくるに及んで、学校は潰されるか否かの危機的状況に追い込まれた。そのとき学校は、潰されることを恐れ、信仰の節を曲げた。このことは今日的問題として私たちに迫ってくるように思われてならない。

以上、四人の講演の概要を述べたが、天皇制の問題性と日本国憲法の存在意義、そしてクリスチャンのこの世での闘い方等に役立つ一冊である。
いのちのことば社の方々に感謝しつつ。

（信州夏期宣教講座世話人代表）

目次

装幀＝畑佐　実

天皇は憲法と皇室典範にどう位置づけられたか？
——いも虫→黄金の蛹《さなぎ》→毒蛾→蝶の羽への変化論——

岡田　明

第一章　万世一系の天皇

1　いも虫から金色の蛹へ

日本の近代史は、明治時代↓大正時代↓昭和時代↓平成時代などと細かく区切られて語られますが、二つの時代に分けるのが適当です。一八六七年十二月の「王政復古の大号令」で江戸幕府が廃絶してから、一九四五年八月十五日のラジオ放送までを「大日本帝国時代」と呼び、それ以降現在までを「日本国時代」と呼ぶべきです。一九四五年八月を境に日本は大きく変わったからです。大日本帝国が滅亡し、憲法が変わったからです。天皇家のルールである「皇室典範」も廃止、新たに制定されました。

この書で私が論じようとしているのは、この断絶において法律上、天皇の位置づけがどのように変わったのか、変わらなかったのかです。図（次頁）のように私は天皇制を三期に区分してみました。古代～近世までの天皇制を第一期、幕末維新期に創りあげられた天皇制を第二期、さらに日本国憲法下における天皇制を第三期としました。

第一期天皇制は「天皇」という名称を初めて使った七世紀の天武天皇から十九世紀後半、江戸時代末期の孝明天皇までです。この第一期天皇制の時代は、天武天皇、後醍醐天皇など親政を行った天皇もいましたが、ほとんどの天皇は実権を行使せず、学問芸能に親しみ、そして国の安泰のため「祈る人」という役割を果たしてきました。天皇が「祈る人」だったというのは、第一期天皇制の大事なコンセプトであり、第三期まで続くものです。

では、どうして天皇が祈る人になったのか？　それは天皇のルーツに由来します。天皇の祖先は水稲耕作の祭りの祭司だといわれています。狩猟漁労にかわり、農耕や稲作が本格的に始まると、太陽は豊作をもたらす存在として信仰の対象となります。太陽信仰は民衆をまとめあげるために重要なものになりました。こうして天照大神という「カミ」が生まれ、それを崇め、豊作を祈念する祭りが始まりました。そして儀式を行う祭司が聖なる存在とされ、カミの霊を受けてカミになるとか、カミの子孫であるなどという教えがつくられたのだと思います。天皇が「祈る人」という役割を担っているのは、ここに由来があります。

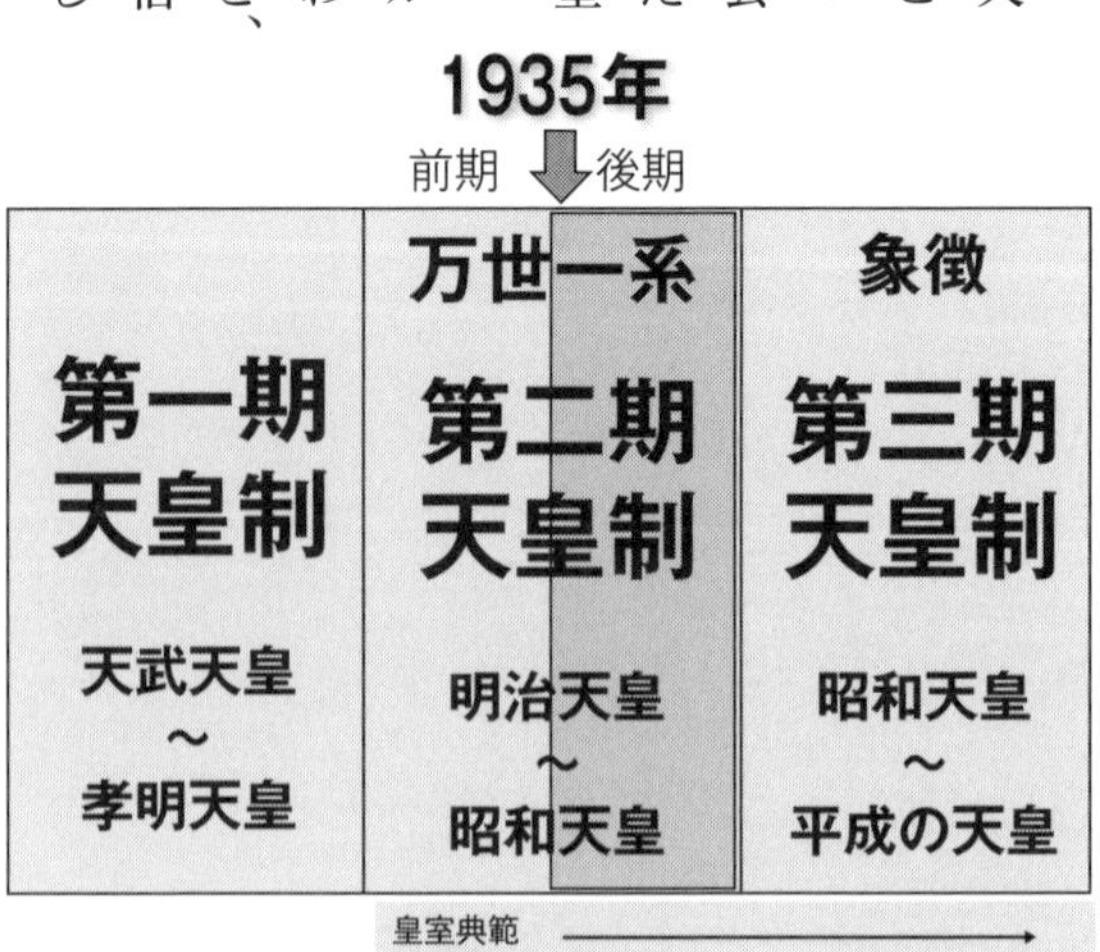

ところで、ここでいう「カミ」は八百万の神々のことです。日本列島に住む人たちは畏れ多いものをしめ

縄で縛り、御神体として祀ってきました。そしてそれらを拝み、祈願するという信仰を抱いてきました。人間が「カミ」を利用するのです。これはキリスト教の「神」とは違います。キリスト教の「神」は天地万物の創造者で全知全能であり、人間に契約を垂れてくる存在であり、神の側にイニシアティブがあります。

さて、第一期の天皇ですが、民衆にはほぼ知られない存在でした。御簾の奥に潜んでいる見えない存在でした。特に江戸時代は武家政権に監視され、京都御所に二百年間にわたって幽閉されていました。私はこの第一期の時期の天皇を緑の葉についた緑色の「いも虫」にたとえてみました。保護色で見えない、見つけられない存在。敵にやられないようにひっそりと生き延びようとする「いも虫」。これが第一期天皇制です。

ところが、明治維新を境に始まった第二期の天皇は、新政府の看板として民衆の前に姿を現します。可視化です。天皇家の家紋を描いた旗（錦の御旗）で戊辰戦争に勝利した新政府は、天皇の利用価値を痛感し、統治に利用します。岩倉具視、大久保利通、伊藤博文らが明治天皇をプロデュースしていきます。天皇は全国を行幸し、また威厳のある存在に描かれた御真影も下賜され、拝礼の儀式も生まれます。この変化を「いも虫」が「金色の蛹《さなぎ》」に変化した、とたとえたいと思います。蛹は保護色ではなく、あえて目立つピカピカの金色です。なぜ金色かというと、天皇は大権をもって国を治める主権者、軍を指揮する大元帥となったからです。しかし、近づけるような存在ではなく、まぶしいくらいの威厳に満ちた存在なので、金色なのです。なぜ

蛹かというと、天皇個人のキャラや言動は菊のカーテンという分厚い殻によって庶民からは隠されており、天皇自身も自由に動き回れなかったからです。

　この第二期天皇制を飾る言葉が「万世一系」です。万世一系とは永遠から永遠に続く一つの血筋という意味です。万世一系の四文字は「魔法の言葉（マジックワード）」だったと思います。この本では三つのマジックワードを提起します。第一が万世一系です。ではなぜ、この四文字がマジックワードなのか？　それは、「万世一系の天皇」と言うとき、『古事記』『日本書紀』の世界（天照大神などの神話と神武天皇などの架空の天皇の歴史）と、生身の人間である天皇が「血筋」で繋がっていると告白するしくみになっているからです。「万世一系の天皇」とは「天皇はカミである」と言っているに等しいのです。あたかも「イエス・キリスト」と言うとき、「イエスは救い主である」と告白するしくみと同じです。

　「万世一系」の四文字の由来を調べてみましたが、はっきりしません。古事記、日本書紀には出てきません。幕末から使われ始めた言葉のようです。

2　大日本帝国憲法における万世一系の天皇

一八八九年二月十一日に発布された「大日本帝国憲法」において、第二期天皇制はどのように規定されたのかを見ていきます。まず発布にあたって出された「上諭」（法律など天皇が裁可に際して付ける文書）には、私（明治天皇）は万世一系の帝位を受け継いでいます、そして国民（臣民）は、これまでの皇統が恵み、慈しみ、養ってきた者たちであるので、その幸福を増進し、その徳と才能を育成させてほしいと願います、と述べられています。天皇が恩恵を施していくという第一期天皇制からのコンセプトがここに連続していることが読み取れます。大日本帝国憲法の条文を見てみましょう（傍点筆者）。

一条　大日本帝国ハ万世一系ノ天皇之ヲ統治ス
二条　皇位ハ皇室典範ノ定ムル所ニ依リ皇男子孫之ヲ継承ス
三条　天皇ハ神聖ニシテ侵スヘカラス
四条　天皇ハ国ノ元首ニシテ統治権ヲ総覧シ此ノ憲法ノ条規ニ依リ之ヲ行フ
五条　天皇ハ帝国議会ノ協賛ヲ以テ立法権ヲ行フ
六条　天皇ハ法律ヲ裁可シ其ノ公布及執行ヲ命ス
十一条　天皇ハ陸海軍ヲ統帥ス

一条に「大日本帝国は万世一系の天皇これを統治す」とあります。この第一条こそ、大日本帝国の信仰告白と言えるものです。憲法に神道という宗教が入り込み、天皇の地位を説明しました。また三条で「天皇は神聖にして侵すべからず」と書きました。これは天皇への不敬は許さないという意味と、「無答責」(天皇は一切の法的な責任を負わない)ということを規定しています。

ところが四条では、天皇の地位を元首とし、統治権の所在を明らかにしましたが、その天皇もこの憲法に従って統治を行う、と天皇を法で縛る「立憲主義」の精神を規定しました。憲法起草に携わった伊藤博文や井上毅は欧米の憲法から、憲法が権力者を縛る「立憲主義」の概念も学んでいました。そして四条に「天皇はこの憲法の条規によってこれを行う」と書き、天皇も憲法に縛られるという規定を入れました。しかしこれによって、天皇は連綿と続く神々の子孫であり(一条)、法的責任を負わない特別な存在(三条)という縛りようがない存在と規定しながら、一方で憲法に従うと縛られる存在とも規定したので、矛盾が生じました。天皇は憲法上、「矛盾」する存在として位置づけられてしまったのです。

さて、天皇は憲法一、三条において絶対的な主権者として位置づけられましたが、一八八九年という歴史状況において天皇をここまで神格化・絶対化する必要があったのだろうか、と私は疑問をもちました。十九世紀後半に、日本で「明治維新」が起こったのは、戦争をふっかけて侵略を進めて来る英仏に幕藩体制では対抗できないという危機感からでした。武士という特権階級をリストラし、強力な中央集権国家体制をつくった目的は、一にも二にも、欧米に侵略されない強い国家体制をつくることでした。このとき藩閥政治家たちは徹底的にリアリストであったはずです。戊辰戦争でオールリセットにも成功したのですから、過去のしがらみにこだわる必要はありません。たしかに、一八六〇年代後半から一八七七年ごろまでは新政府の混乱期であり、天皇を看板にして、その権威を利用して政権を強化する戦術は「あり」だったと思います。しかし、その後もずっと天皇を看板に据えていく必要はあったのかな、と思うのです。

一八七七年には、徴兵制でつくりあげた農民たちから成る軍隊は、西郷隆盛率いる不平士族の大反乱を鎮めました。一八八〇年代前半には自由民権運動も完全に懐柔し、取り込みました。一八八〇年代中ごろには、新政府は政権基盤を盤石にしていました。藩閥政府は天皇という看板はもはや降ろしてもよかった、もしくは位置づけを軽くしてもよかったと思うのです。しかし、時の最高権力者伊藤博文は大日本帝国憲法一条にあえて「万世一系の天皇」と書き込みました。なぜか？　戦争をしていくためには「天皇制という装置」が必要だったからだ、というのが私の見解です。

一八八〇年代後半、対外戦争は目前の現実でした。しかし、戦争をするためにはハード面の準備だけでなく、国民に「戦争に行って、国のために死んでも、無駄死にではない」と納得できる理由を与えるというソフト面の準備も必要です。その理由を藩閥政治家たちは合理的にではなく、この日本という国は神の子孫の治める特別な国なのだ、この国には命を懸ける価値があるのだ、戦争で死んでも君の魂は靖国神社に戻り、護国の英霊として祀られる、という非合理的なストーリーで説明しようとしたのです。このようなストーリーのために天皇を「万世一系」と装飾し、絶対化する必要があったと思います。

二条に戻ります。二条は皇位継承についての規定です。ここで皇位継承については「皇室典範」に基づき行うということと、「男子孫」が継承するとし、「女帝」は認めないことが規定されています。第一期天皇制に存在していた女帝を否定しました。これは第二期「万世一系の天皇」の重要なコンセプトです。なぜか？　それは、戦争を想定した国家体制において軍を統帥する大元帥は男でなくてはだめだからです。

ちなみに、第一期天皇制においては女性の天皇が八人（十代）いました。

3　「(旧) 皇室典範」における万世一系の天皇

万世一系に続く二つめのマジックワードが「皇室典範」です。皇室典範は、大日本帝国憲法と同じ一八八九年二月十一日に制定されました（傍点筆者）。

一条　大日本国皇位ハ祖宗ノ皇統ニシテ男系ノ男子之ヲ継承ス
二条　皇位ハ皇長子ニ伝フ
三条　皇長子在ラサルトキハ皇長孫ニ伝フ皇長子及其ノ子孫皆在ラサルトキハ皇次子及其ノ子孫ニ伝フ以下皆之ニ例ス
四条　皇子孫ノ皇位ヲ継承スルハ嫡出ヲ先ニス皇庶子孫ノ皇位ヲ継承スルハ皇嫡子孫皆在ラサルトキニ限ル
十条　天皇崩スルトキハ皇嗣即チ踐祚シ祖宗ノ神器ヲ承ク
十一条　即位ノ礼及大嘗祭ハ京都ニ於テ之ヲ行フ
三十九条　皇族ノ婚嫁ハ同族又ハ勅旨ニ由リ特ニ認許セラレタル華族ニ限ル
六十二条　将来此ノ典範ノ条項ヲ改正シ又ハ増補スヘキノ必要アルニ当テハ皇族会議及枢密顧問ニ諮詢シテ之ヲ勅定スヘシ

「(旧) 皇室典範」に規定された第二期天皇制のコンセプトを五つあげます。

①男系・男子に限る

大日本帝国憲法二条と同様に女帝・女系を認めないと一条で規定しています。大元帥が男であるためです。

②庶子も天皇になれる

皇室典範第四条には嫡子（正妻の子ども）がいないときは庶子（側室、妾の子ども）が皇位を継ぐという規定があります。これは第一期天皇制と同じです。歴史的に庶出の天皇は非常に多いのです。後鳥羽天皇、後醍醐天皇、孝明天皇、明治天皇も大正天皇もそうなのです。大元帥である天皇は男である必要があり、それが途絶えずに続くためには庶子という枠も必要と考えたのでしょう。明治天皇も五人の側室をもちました。

③宗教儀式を執り行う

十、十一条には神器を継承し、即位の礼、大嘗祭などの神道の儀式を行うことが明記されています。政教分離ではありません。第一期天皇制以来の国や民のために「祈る人」というコンセプトを継承しています。しかし、国のために祈る神道儀式はバージョンアップします。国民を戦争に動員する装置の機能を果たすために、新しい儀式がいくつも創出されました。それを雄弁に物語るのが、靖国神社や皇居吹上御所に一八八八年に建設された「宮中三殿」などの建造物です。

宮中三殿とは「賢所」「神殿」「皇霊殿」の三つの神社のことです。「賢所」は天照大神を祀る神社で、これだけは京都御所にもありました。第二期天皇制になって新たにつくられたのが「神殿」と「皇霊殿」です。「神殿」は、八百万の神を祀る神社です。明治初期、政府は、神社信仰を天皇崇拝に転化させるという目的のため、神道国教化をもくろみ、全国津々浦々の神社を、伊勢神宮を頂点として序列化しました。それを象徴する舞台が「神殿」です。「皇霊殿」は代々の天皇の霊を祀る神社としてつくられました。万世一系というマジックワードを宣伝していくために歴代天皇の霊を祀る施設が必要になったのです。これら三つの神社を舞台に第二期天皇制の宮中祭祀が創出され、それらは一九〇八年に「皇室祭祀令」という法律で定められます。この法律は〝万世一系の天皇教〟という新宗教の儀式リストです。

④血統主義

万世一系の血筋というコンセプトを強固にするため、一般庶民（臣民）から嫁をとれないように規定されています（三十九条）。

⑤皇室典範の神聖性

大日本帝国憲法は国会で改正することが可能でしたが、皇室典範は、皇室会議と枢密院という一般庶民の関与できない組織でしか改正できない、雲の上の聖なる法典とされました（六十二条）。

4　はばたく毒蛾への羽化

大日本帝国憲法における天皇の位置づけの「矛盾」は、一九一〇年代に、共に東大教授だった上杉慎吉と美濃部達吉の論争となって表面化します。上杉は一条の「万世一系」、三条の「神聖不可侵」から、天皇の絶対的な主権を主張しました。これに対し、美濃部は四条の「天皇もこの条規に依り統治す」から天皇も法に従うという存在と考えました。論争の結果、上杉の天皇論は敗れ、一九二〇年代には美濃部の論（「天皇機関説」）が主流となり、大正デモクラシーが花開きます。「天皇機関説」のポイントは、国家に主権があると考える点です。統治権の主体は国家が有し、天皇は国家という法人のいわば社長みたいな存在と考えるのです。ワンマン社長ではなく、役員会に従う社長です。

ところが、一九三五年にこの「天皇機関説」は帝国議会（貴族院）で「国体に背く」として問題化されます。天皇機関説を唱える美濃部は「学匪」「緩慢なる謀反」と菊池武夫（男爵議員）から罵られます。学説をめぐる論争は議会にそぐわないと岡田啓介内閣は穏便にすませようとしますが、軍人や右翼も美濃部を批判し、今でいう炎上。岡田啓介内閣は「国体明徴に関する政府声明」を二度にわたって発し、天皇機関説を否定しました。美濃部の著書は発禁となり、さらに不敬罪で訴えられます。

この「天皇機関説」否定は非常に大きな意味があります。私はこの事件により天皇が「カミ」から「神」になったと考えます。天皇が憲法で縛られているなどという考えは不敬だ、許さん、というのですから、天皇は八百万の「カミ」からキリスト教の「神」のような絶対神の位置についたと言えるでしょう。ここに至り、天皇は神の子孫から、人間でありながら神でもある存在になったのです。それまでも「現人神」という言葉はありましたが、どこか本気で言っていなかった面があります。ところが、この事件を機に、軍部、文部省は「現人神」信仰を本気で説き、国民への洗脳を強化していきます。それが「国体明徴声明」に基づき開始された「国体明徴運動」です。

では、なぜこのような天皇の絶対化が起こったのでしょうか？　それは戦争です。一九三一年の満州事変を経て、日本は非常時・戦争体制に突入します。いよいよ国民を戦争に動員する装置である天皇制をフルパワーで活用する必要が生じたのです。こうして天皇のために死ねと教える「国体の本義」（一九三七年）、「臣民の道」（一九四一年）が必修の教科書として教室に登場し、宮城遥拝が始まり、植民地でも神社参拝が強制されていきます。教育勅語や御真影を保管するため、防火機能を備えた「奉安殿」が造られ、それを神社のように拝ませる指導も始まります。「帝国」という言い方ではあきたらず、「皇国」という別名が盛んに使われるようになるのも、このころからです。

この情勢は教会にとっては試練でした。天皇はキリスト教の「神」と並立する存在になったからです。「天皇とキリストのどっちが偉いのだ?」という質問が当局からなされるようになり、教会の妥協と屈服が起こります。

さて、こうして「立憲主義」解釈の根拠であった四条は葬られ、大日本帝国憲法の「矛盾」は解消されました。一九三五年から第二期天皇制は「後期」の段階に入ります。この変化を「いも虫」の成長でたとえるならば、一九三五年に「金色の蛹」は羽化を遂げた、そして蛹の中からは「毒蛾」が出てきた、です。なぜ「毒蛾」かというと、その羽におどろおどろしい「八紘一宇」と読める模様があり、その鱗粉には毒が含まれていたからです。鱗粉の毒は理性と戦争にともなう心の痛みを麻痺させ、日本人をアジア侵略と無謀な対米戦争に向かわせました。

第二章　日本および日本国民統合の象徴としての天皇

1　毒羽をもぎ取られる

一九四五年七月　連合国はポツダム宣言で日本に無条件降伏を勧告します。しかし、「国体護持」（天皇制維持）の判断をめぐり、受諾は遅れます。一九四五年八月十五日、ラジオで天皇が国民に敗戦を告げたいわゆる「玉音放送」では「……朕は茲に国体を護持し得て忠良なる爾臣民の赤誠に信倚し」とあり、国体は存続しているような言い方をしています。そして一九四五年九月二日に降伏文書が調印され、連合国の占領が始まります。マッカーサーをボスとする連合国軍最高司令官総司令部（ＧＨＱ／ＳＣＡＰ）が発する指令を日本政府が実施していく間接統治でした。

天皇制をめぐる駆け引きも始まります。昭和天皇はマッカーサーに会いに行きました。最初の会談がもたれた日に撮られた写真は国民に衝撃を与えました。ラフな姿勢で軍服のマッカーサーと、直立不動で礼服姿の昭和天皇のツーショットです。この写真は両者の力関係を明確にしました。マッカーサーは進駐にあたり、さしたる武力抵抗もなく、日本人が占領を受け入れたことに安堵していました。その背景に天皇の存在があることも理解していました。マッカーサーは天皇の利用価値を考え、いろいろなシナリオを思い巡らしたことでしょう。昭和天皇も、自分の退位は覚悟しつつも、天皇制の存続だけは確約させようと考えたはずです。あのツーショット写真には、両者の思惑が激しく交錯している緊張感を感じます。

この年の冬、「万世一系の天皇」の宗教的部分を剝奪する指令が次々出されます。一九四五年十二月十五日にいわゆる「神道指令」が出されます。これにより「天壌無窮の神勅」という万世一系の天皇教の教理のもとに伊勢神宮を頂点に序列化されていた日本の様々な神社がその関係を解かれます。政府の伊勢神宮に対する支援も禁止され、神社を国民儀礼として国民に強制する道も閉ざします。しかし、ＧＨＱの国家神道体制の否定は不徹底なものに終わります。国家神道の柱ともいうべき宮中三殿の「宮中祭祀」は禁止しなかったのです。それらは「私的行為」として継続が黙認されます。「皇室祭祀法」（一九〇八年）は新憲法と抵触するので一九四七年五月に葬られますが、一連の儀式はそのまま継続し、今日に至っています。

十二月三十一日には「修身・国史・地理の授業停止」が指令されました。天皇への滅私奉公を説く道徳や、日本は特別な神の国であると教える歴史観が否定されました。そして一九四六年一月一日に、いわゆる「天皇の人間宣言」が出されます。この中で天皇と国民の絆は「天皇ヲ以テ現御神トシ、且日本国民ヲ以テ他ノ民族ニ優越セル民族ニシテ、延テ世界ヲ支配スベキ運命ヲ有ストノ架空ナル観念ニ基クモノニモ非ズ」（傍点筆者）と書かれました。ここで否定されたのは、天皇が現御神（現人神）であるということだけであって、天皇が神の子孫である（万世一系）という考えまでは否定していないということです。GHQやマッカーサーは後者の否定まで指示してきたのですが、昭和天皇側がうまくかわし、過激な部分「現人神」の否定だけですり抜けました。

「神道指令」から「人間宣言」までの一連の指示により、第二期天皇制は変化を強いられました。「いも虫」のたとえでいうと、一九三五年に羽化して誕生した「毒蛾」はその「毒羽」を失ったと言えるでしょう。絶対的な「神」の立ち位置からは降りることになりました。しかし、天皇は引き続き宮中祭祀を継続することは許されたのですから、再び「カミ」の位置に戻ったとも言えるでしょう。一九四六年一月の時点の天皇の姿は、毒羽を失った「毒蛾ボディ」だけの存在にたとえられると思います。

一九四五年から四六年にかけて、第二期天皇制のコンセプトは危機に直面したように見えます。しかし、アメリカのしたたかな占領政策の視点から見ると、一連の「指令」や「人間宣言」は天皇制を残すための政策だったのです。毒をまき散らす有害な羽を切除すれば、天皇を戦犯として訴追したり、天皇制廃止を求めたりする国々に対して、「無害になったのだから、残してもいいじゃないか」と言えるのです。そうすれば日本人は恩を感じ、よりアメリカになびき、天皇を利用してアメリカの支配に組み込むことができるのです。この視点で眺めると、日本国憲法も天皇制を残すためにマッカーサーがイニシアティブを取り、作成したという流れが見えてきます、

一九四六年一月、マッカーサーは焦り始めていました。翌二月末にワシントンに「極東委員会」が設置されることになったからです。この委員会は米・英・ソ・中などの十一か国で構成されます。ソ連、中国、オーストラリアは天皇訴追を主張し、特にソ連は自国も日本の占領政策に介入することを目指していました。委員会は組織的にはGHQの上に位置することになっていたので、この委員会が発足してしまうと、マッカーサーは日本の占領政策を独占的に展開することができなくなります。それで、極東委員会が始動する前に資本主義に立つ憲法作成の既成事実を作り、日本のアメリカ陣営への組み込みを確定的にしたいと思ったのです。

2　日本国憲法の制定過程

マッカーサーが日本政府に憲法改正を指示したのは一九四五年十月でした。「神道指令」や「人間宣言」の前です。日本政府はこれを受け、松本烝治国務大臣を委員長とする「憲法問題調査委員会」を設置し、新憲法の起草を始めます。委員会の基本方針は、大日本帝国憲法の一～四条までは基本的にはいじらないというものでした。草案を練っているさなか出された「人間宣言」も、万世一系の四文字は否定されていないと

解釈できるものだったので、一九四六年一月初旬、委員会が作成した甲案は以下のようになっていました。
「甲案A　日本国の統治権は万世一系の天皇之を総攬し此の憲法の条規により之を行う」（傍点筆者）
一九四六年二月一日に毎日新聞が日本政府の憲法改正案をスクープするという事件が起きます。スクープされた条文は以下のようになっていました（傍点筆者）。

一条　日本国は君主国とす
二条　天皇は君主にして此の憲法の条規に依り統治権を行う
三条　皇位は皇室典範の定る所に依り万世一系の皇男子孫之を継承す
四条　天皇は其の行為に付責に任ずることなし

三条に「万世一系」の四文字が入っています。マッカーサーは天皇にある程度の威厳を与えてもいいと考えていましたが、スクープされた条文では天皇の権威をかつてのように神格化できる余地があり、ダメだと判断します。そしてマッカーサーは部下のGHQ民生局員に「マッカーサー三原則」（「天皇制」「戦争放棄」「封建的制度の廃止」の三原則）を示し、急いで日本の新憲法の原案を作るように命じます。このときマッカーサーが示した天皇についての原則は以下のようなものでした。
「天皇は国家の元首の地位にある（at the head of the state）。皇位の継承は世襲である。天皇の義務及び権

利は憲法に基づき行使され、憲法の定めるところにより、人民の基本的意思に対し責任を負う」（傍点筆者）

ところで、マッカーサーがGHQに憲法草案を作らせているという動きを知らない日本政府は、これまでの政府案を微修正して「憲法改正要綱」を作り、二月八日にGHQに提出します。その第一条は以下のようになっていました。

第一条　大日本帝国ハ万世一系ノ天皇之ヲ統治ス

なんと大日本帝国憲法と同じ条文に戻っています。日本政府の人たちがまだ「大日本帝国」は存続していると認識していたことに驚きます。二月十三日、マッカーサーは日本政府のこの「憲法改正要綱」を却下するとともに、GHQ民生局が急遽作成した原案（「GHQ草案」）を日本政府に提示し、これをもとに日本政府の憲法草案を作り直すように命じます。以下がGHQ草案です。

一条　皇帝は国家の象徴にして又人民の統一の象徴たるべし。彼は其の地位を人民の主権意思より承け之を他の如何なる源泉よりも承けず（傍点筆者）

三条　国事に関する皇帝の一切の行為には内閣の輔弼及び協賛を要す而して内閣は之が責任を負うべし。皇帝は此の憲法の規定する国家の権能をのみ行うべし。彼は政治上の権限を有せず又之を掌握し又賦与せらるること無かるべし。皇帝は其の権能を法律の定ル所に従い委任することを得。

ＧＨＱ案は、マッカーサーが指示した元首（head）という言葉ではなく、象徴（Symbol）という言葉になっています。ＧＨＱ民生局はマッカーサーより、天皇の権威を弱めたいと考えていたようです。また天皇の地位は、「人民の主権意思」つまり国民主権と読み取れる国民の意思によるのであって、神の子孫という神話的な源泉にたどり着かないように釘が刺されています。二月二十一日、幣原首相とマッカーサーが会談。日本側が再提出すべき案がＧＨＱ案に基づくものにするとの確認がなされ、日本政府はその線で案を作り直します。そしてできあがった日本政府案が三月四日にＧＨＱ民生局へ提出されました。日本政府案はＧＨＱ草案を巧妙に修正していました。ＧＨＱ民生局はその問題点に気づき、激論となります。三月四日から五日にかけてＧＨＱ民生局と日本側代表（佐藤辰夫ら）との間で不眠不休の議論がなされ、草案は修正が施され、憲法の冒頭部分は以下のようになりました。

一条　天皇は日本国民至高の総意に基き日本国の象徴及び日本国民統合の標章たるべし
二条　皇位は国会の議決を経たる皇室典範の定る所に依り世襲して之を継承すること（傍点筆者）

ＧＨＱ側は「主権在民」を意味する言葉の使用を再三要求しましたが、日本側はそれを拒否し、削ることに成功します。天皇の統治する日本という国のあり方（国体）を変えたくなかったのです。これは譲れない一線でした。皇室典範については、「国会の議決を経たる」の文言が挿入され、国民が国会で改正できる法律になりました。

こうして日米協議でできあがった憲法草案は微修正が加えられ、五月十六日召集の第九〇回帝国議会に上程され、新選挙法（二十歳以上の男女普通選挙）のもとで選ばれた国会議員たちによって審議されていきます。各院で修正が行われました。九条はより前向きに宣言する表現に修正されます。またワシントンの極東委員会も注文をつけ、それはGHQを通して日本政府に伝えられ、主権在民、普通選挙制度、文民条項などが憲法に明文化されることになりました。日本国憲法は、GHQが単独で作り、押しつけたものではなく、日本政府、国会そして極東委員会の諸外国らが意見を述べ、できあがったものと言えるでしょう。以下が一九四六年十一月三日に公布された「日本国憲法」です。

一条　天皇は、日本国の象徴であり日本国民統合の象徴であつて、この地位は、主権の存する日本国民の総意に基く。
二条　皇位は、世襲のものであつて、国会の議決した皇室典範の定めるところにより、これを継承する。
三条　天皇の国事に関するすべての行為には、内閣の助言と承認を必要とし、内閣が、その責任を負ふ。
四条　天皇は、この憲法の定める国事に関する行為のみを行ひ、国政に関する権能を有しない。天皇は、法律の定めるところにより、その国事に関する行為を委任することができる。（傍点筆者）

憲法一条が修正されました。日本の国名は「日本国」となりました。そして「この地位は、主権の存する日本国民の総意に基く」という文言が入り、「国民主権」が明記されました。これは革命的な修正です。天皇が統治する国という国のあり方（国体）がひっくり返ったのです。

三条・四条は天皇の「国事行為」についての条文です。天皇の権力・行動に内閣という蓋がかぶせられました。天皇の政治権力は一切奪われました。しかし、天皇は国事行為という威厳ある行動をすることが許され、また国民の前に立てるわけですから、天皇の面子は立ち、看板としての天皇の姿は維持されたのです。

二条で「皇室典範」は原案のまま「国会の議決した」という文言がつき、雲の上の法律ではなく、国会で修正できる普通の法律となりました。しかし、ここで単に「法律」と書かれず、「皇室典範」というマジックワード四文字が生き残ったことには大きな意味があります。

3 「(新)皇室典範」の内容

では、次に「(新)皇室典範」の作成過程と内容を見てみましょう。名前は同じでも、一九四七年一月十六日に成立(公布)した「皇室典範」は、明治時代の「(旧)皇室典範」とは法律としては繋がってはいません。「(旧)皇室典範」は、天皇(皇室会議)と枢密院にしか改正の権限がなかったので、帝国議会では改正できませんでした。そこで「(旧)皇室典範」のほうは天皇が発議し、枢密院顧問の諮詢を経て廃止(一九四七年五月一日)という手続きを取りました。

「皇室典範」というかつてと同じ名前で作りたかった理由は、この法律の中に「万世一系の天皇」コンセプトを連続させたかったからです。しかし、まぶしいくらいに自由と平等、個人の尊重を謳う新憲法に対して、「万世一系の天皇」という全く異質な理念の天皇家のルールをどう書いたら、法理上整合するのかは日本政府にとってはたいへん難しい課題でした。三つの点から、「(新)皇室典範」と「(旧)皇室典範」の連続性、「日本国憲法」との整合性を考えてみました。

①男女平等を認めず

皇位の継承について「(新)皇室典範」は第一条で「皇位は、皇統に属する男系の男子がこれを継承する」と定めました。これは第二期天皇制の時と同じです。天皇の地位は「世襲」であり、男系男子です。「万世一の天皇」のコンセプトの継続がここに見られます。帝国議会で、これは日本国憲法十四条「性別による差別の禁止」と矛盾するのではないか、という議論が起こりましたが、政府・宮内省は「伝統だから」の一辺倒で逃げました。新憲法の精神(男女平等)より、「万世一系の天皇」のコンセプトが優先されたのです。

②退位は認めず

「(新)皇室典範」にも、「(旧)皇室典範」と同様に退位規定が置かれませんでした。伝統を持ち出すなら退位も皇室の伝統でした。皇極天皇(七世紀)から明治天皇までの八十七代で生前譲位(退位)は五十七件もありました。新憲法の「苦役からの解放」「職業選択の自由」とも矛盾します。しかし、天皇は万世一系を引き継ぐという宿命によって現世にいるのであるから、自己の意思による退位はできないという第二期のコンセプトが連続したのです。

③庶子の皇位継承を認めず

「(旧)皇室典範四条」には、嫡子がいないときは庶子から皇位継承者を選ぶという規定がありましたが、「(新)皇室典範」では「庶子」という文言が消えました。「庶子」というものが制度上存在していないという体裁です。これは時代情勢だと思います。明治天皇は五人の側室をもち、男子五人、女子十人の子どもを生みましたが、大正天皇は一夫一婦制を取りました。昭和天皇もそうです。宮内庁は「天皇の象徴たる地位にかんがみ、この地位に就かれる資格としては、嫡出に限り庶出を認めないことが適当と考えた」と述べました。

　吉田茂首相は帝国議会で、「天皇は国の象徴、国民道義の儀表たるべきお方なので、正当な婚姻で生まれた方に限りたい」と述べました。この発言には、これまでの天皇像との微妙な変容が感じられます。象徴である天皇は国民の道徳的な見本だと述べているのです。万世一系の時の天皇は、見上げて拝む存在であり、自分と並べて見本とするような身近な存在ではありませんでした。しかし、今や天皇は国民が見て、真似をするべき存在となったのです。ここに「国事行為」だけではなく、「公的行為」と称し、天皇が国民の間を慰問、訪問して回り、道徳的見本を演じてゆくという新たな道も開かれたのです。

　また庶子を認めないということは、かえって「純潔」な皇位の正統性を手に入れたとも言えるでしょう。庶子というある意味「不貞」な関係からではなく、堂々と正妻から生まれたと血筋であると語れることは、皇位継承の正統性感をアップさせたと言えるでしょう。

　こうしてみると、「(新)皇室典範」は、「(旧)皇室典範」とほとんど同じです。新憲法の理念はあっさり無視し、「万世一系の天皇」のコンセプトをそのまま残し、より純化させたものです。「象徴」という地位を得ることによって、国民の心の中により身近に寄り添うことが可能になり、より影響力を広く与えることができるようになったと言えるかもしれません。天皇は国民の憧れの中心という立ち位置を得ていくことにな

ります。狭い意味での政治的統治権は失いましたが、広い意味での「統治権」は握り続けたのです。憲法や皇室典範から「万世一系」の四文字は消えましたが、そのコンセプトを「(新) 皇室典範)」の中にしっかりと潜ませつつ、「あたらしい国体」は開かれたのです。

こうして第三期天皇制の時代(「象徴」天皇制)が始まりました。これを「いも虫」のたとえでいうならば、「毒羽」をもぎ取られながらも生き延びた「毒蛾ボディ」には、道徳の見本としてふるまい、国民を魅了する美しい「蝶の羽」が与えられた、と言えるでしょう。

4 「象徴」と「公的行為」

三つめのマジックワードは「象徴」です。憲法で「象徴」という地位を得た天皇は、二代七十余年という時間をかけて、第三期天皇制を創出してきました。象徴としての天皇が大いに活用したのが、「公的行為」という新たなフィールドです。

ところで憲法上、天皇が行ってよいのは七条に規定された以下の十の「国事行為」だけです。

七条　国事行為
天皇は、内閣の助言と承認により、国民のために、左の国事に関する行為を行ふ。(傍点筆者)
一　憲法改正、法律、政令及び条約を公布すること。
二　国会を召集すること。
三　衆議院を解散すること。

四　国会議員の総選挙の施行を公示すること。
五　国務大臣及び法律の定めるその他の官吏の任免並びに全権委任状及び大使及び公使の信任状を認証すること。
六　大赦、特赦、減刑、刑の執行の免除及び復権を認証すること。
七　栄典を授与すること。
八　批准書及び法律の定めるその他の外交文書を認証すること。
九　外国の大使及び公使を接受すること。
十　儀式を行ふこと。

これだけでも大変に忙しく、年間に千を超える書類に目を通さなければならないそうです。しかし、私たちがテレビでよく見る天皇・皇后や皇族の姿は、以下のような「公的行為」を行っている姿だと思います。

・国会開会式への臨席（憲法上国事行為とされているのは「国会を召集すること」）
・認証官任命式への臨席（憲法上国事行為とされているのは「国務大臣及び法律の定めるその他の官吏の任免並びに全権委任状及び大使及び公使の信任状を認証すること」）
・国民体育大会など国民的行事への臨席、記念植樹祭への出席
・式典等公開の場で「おことば」を朗読する行為
・国内巡幸

・外国への公式訪問
・外国元首との親電交換（憲法上国事行為とされているのは「外交文書を認証すること」）
・外国賓客の接受（憲法上国事行為とされているのは「外国の大使及び公使を接受すること」）
・園遊会の主催
・年初に皇居に「おでましになる」

これらがこれまで積み上げられてきた「公的行為」です。注意すべきは、「公的行為」は憲法のみならず法律レベルでも規定がないということです。何が公的行為で、何が違うかについて定めがないので、増えたり減ったり、新しいことを始めたりできるのです。つまり天皇自身が「象徴天皇」のあり方を追求できる余地があるということです。法的根拠がなく、公に様々な活動ができるという点でいえば、天皇は縛られていないのです。第二期の天皇は可視化されていましたが、そこにパーソナリティーの発露はありませんでした。しかし、第三期の天皇は「公的行為」を通して、国民に会いに行き、自分の思いやパーソナリティーを滲ませてくるアイドルなのです。特に平成の天皇はこの三十一年間、ある意味、天皇らしからぬ言動で「象徴」としてのあり方を追求してきました。三点あげます。

第一は、国民の安寧と幸せを祈ることを徹底的に追求してきた点です。その祈りは国民の傍らに立ち、寄り添うという姿を取りました。これまでの天皇なら被災者の休む床に自分も膝をつき、語り合うなどということはありえなかったわけですが、平成の天皇はこれをやすやすとやってのけました。

第二は、政権の意向とは違う視察や巡幸をやってきたということです。二〇〇〇年代に入ってなお、第二次大戦の戦跡を巡り、慰霊、慰問を続け、二〇〇五年にサイパン島、二〇一五年にパラオ、そして二〇一七年に十一回目の沖縄訪問を行いました。過去の戦争を風化させないための「公的行為」と、折につけての護憲的な発言は、安倍政権の意向とは異なるものだと思います。

第三は生前退位を滲ませたビデオメッセージです。生きているうちに天皇の地位を降りるということは「(新)皇室典範」の規定では認められていません。うがって考えれば、平成の天皇は皇室典範の改正、つまり天皇家の「人権」獲得を目指したのかもしれません。残念ながら、政府も有識者たちも、「(新)皇室典範」の改正を怖がり、「特例法」でごまかしました。「(新)皇室典範」の闇はいまだに深いと言わざるを得ません。

5　日本国憲法における「矛盾態」としての天皇

以上述べてきたように、平成の天皇は「象徴」のあり方を独自に追求し、国民に寄り添い、人々に慕われ、敬愛されてきました。しかし、その模索の日々は深刻な矛盾を抱えたものであり、令和の天皇および皇族が引き継ぐには重すぎる「天皇像」と言わざるを得ません。矛盾の第一は、「日本国憲法」も「(新)皇室典範」も皇室に基本的人権を与えていない点です。国民に自由と平等を享受させる高い人権感覚のもとに作られた日本国憲法でありながら、天皇は「個人」としては尊重されませんでした。理想的な憲法の中に、「万世一系」の信仰を実態として継承し、人権のない「天皇」が同居しているのです。これは「矛盾」です。そして平成の天皇は自分には人権がないのに、「公的活動」という、やらなくてもよい仕事を全身全霊で果たし、国民が人権を享受できるように、自己矛盾を耐え忍び、あたかも矛盾がないかのようにふるまってきたのです。

また憲法の「平和主義」との矛盾もあります。第三期天皇制の天皇は「毒蛾ボディ」のままです。宮中祭祀という「国民を戦争に動員する装置」の役割を神道の祭司として日々果たし続けています。つまり平成の天皇は、「私的行為」においては国民の心を戦争に向かわせる準備をしながら、一方で「公的行為」においては憲法の平和主義を志向し、その「蝶の羽」で戦争へ道をつくらないように努力をしてきたのです。

「ネトウヨ」と呼ばれる人たちの中には、平成の天皇の平和や憲法順守を滲ませた「公的活動」を、公然と批判する人が現れました。本来ならば天皇を崇める人たちが、天皇を批判しているのです。そして二〇一九年現在、日本の中には、過去のアジアに対する侵略や戦時の犯罪的な出来事を美化したり、なかったことにしようとしたりする風潮がいよいよ高まっています。歴史認識の問題です。大日本帝国を美化したい人たちは、それにくみしない人たちを容赦なく「反日」と罵り、暴力的な言動で威圧しています。そして韓国に対する憎悪は異常なほど盛り上がり、おぞましいヘイトスピーチが跋扈《ばっこ》し、たいへん憂慮すべき事態となっています。令和の天皇は平成の天皇のように、平和と護憲を滲ませた活動を引き継げるでしょうか。

私は第三期天皇制をこのまま存続させるのはもはや難しいと考えます。「(新) 皇室典範」は女帝・女系天皇を認めないので、秋篠宮家の悠仁君が結婚して男子を得ることができなかったら、途絶します。それより何より現在、人権のない皇室の生活の中で心身の不調が明らかな皇室の人たちの苦しみを放置していてよいのだろうかと思います。人権のない人生を強いることはもう無理です。

イギリスでは二〇一八年にヘンリー王子が、離婚歴のある年上のアフリカ系アメリカ人女優のメーガンさんと結婚しました。ウィンザー城のセント・ジョージ礼拝堂で行われたウェディングはアフリカ系アメリカ人司祭が司式をし、ブラックゴスペルも賛美されました。UK王室は多様性と柔軟性をもっていると思いました。それに対し、日本の皇室はあまりにも古色蒼然としていて抑圧的です。

敗戦から七十三年、国民は焼け跡から立ち上がり、自由と権利を与えられ、様々な幸福や欲望を追求し、社会と文化は発展、成熟、爛熟、そして腐敗と言えるところまできました。しかし菊のカーテンの向こう側は、時が止まったままです。「外」の世界とのズレはもはや忍従の限度を超えているでしょう。

ミーハー的に日の丸の小旗を振っている人たちは、「籠の鳥」「囚われ人」の皇室の人権事情をどれだけイメージできているのでしょうか。常に「皇室としての言動（万世一系の天皇家のふるまい）」が期待され、思ったことを口に出すことも、行動することも許されず、はみ出た言動があれば、批判され、週刊誌のネタにされる生活。信教の自由、居住移転の自由もなく、好きな人との結婚もままならない。職業選択の自由もなく、「皇室」という職業を背負っていく人生。この人生に、日本国憲法十三条「すべて国民は、個人として尊重される」という条文は適用されていません。

二〇一九年現在の皇室の状況を「いも虫」のたとえでいうならば、毒蛾のボディは矛盾に悶えながら痙攣し、美しかった蝶の羽には新たな模様（新しい「公的行為」）が書き込まれ、重くなり、またところどころ

傷もあり、軽やかに飛翔するのが困難な状態、と言えるのではないでしょうか。退位と即位の華やかな儀式（古色蒼然とした神道儀式）の影で、皇室の苦悩はいよいよ深まっていると私は感じます。

皇室の人たちに私たちと同じレベルの人権を与えるためには、日本国憲法の天皇条項（一〜八条）と「（新）皇室典範」の改廃しかありません。それをせずに、ミーハー的に日の丸の小旗を振り続ける人たちは、皇室の方々に非人権的生活を強い、彼らから「癒し」や「慰め」を搾取する人たち、といったら言い過ぎでしょうか。

憲法九条とキリスト教

福嶋　揚

はじめに

「憲法九条は日本の神学である」と言ってよいでしょう。それは二重の意味においてです。まず九条はキリスト教（および神学）にとって重要なテーマであるということ。次に、九条は日本人による、そうとは意識されないキリスト教的（および神学的）な自己表現、自己規定であるということです。

さらにもう一つ重要なことは、九条を生かし実践することは、国家と資本という、現代世界を支配する二重の権力への対抗運動になるということです。九条は国家の軍事力にブレーキをかけ、さらに軍需産業の拡大にもブレーキをかけるものだからです。

以下においては、まず九条の理念が日本一国だけのものではなく普遍的なものでもあることを見てゆきます（第一章）。これは『キリスト新聞』二〇一八年四月十一日号の「論壇」に掲載した内容です。次に、キリスト教的な希望と憲法九条の関係を論じてみます（第二章）。これは、二〇一七年末に東京基督教大学で行った講演の原稿を短縮したものです。なお講演原稿の全文は、同年の同大学の『ファカルティ・ディベロップメント報告』に掲載されています。

第一章　軍事放棄の普遍的な意義

軍隊をもたない国家はじつは日本以外に少なからず存在します。たとえば、コスタリカは七十年近く軍隊をもたずに存続してきました。映画『コスタリカの奇跡』が注目を集めています。小国コスタリカは、紛争が頻発する国々に囲まれながら、平和外交を駆使してきました。また教育と医療の無償化を進め、生態系の保全に力を入れ、国民の幸福度において世界有数のレベルに達しています。

それは遠い国の単なる「奇跡」なのでしょうか。映画の原題は「A Bold Peace（大胆な平和）」です。この映画はコスタリカに降ってわいた「奇跡」ではなく、コスタリカ人の勇敢な意志に注目しています。平和が単なる状態ではなく、絶えずつくり出すプロセスであることを描いているのです。

過去五百年の世界史を展望すると、コスタリカと日本という両国の対照的な歩みが見えてきます。今から五百年前の大航海時代、ポルトガルとスペインはアジアにもアメリカ大陸にも支配の手を伸ばしました。コスタリカはコロンブス到着後に植民地化されたものの、日本は鎖国して植民地化を免れました。

十九世紀の半ばの同じころ、日本もコスタリカも国民国家として立国します。二十世紀の世界大戦を経て、コスタリカは日本の憲法九条と同じころに軍隊を廃止する憲法をつくります。それに続く東西冷戦時代、日本もコスタリカも米ソ対立に翻弄されました。しかし二十世紀末にソ連は崩壊し、アメリカのグローバルな覇権、国連を無視した単独行動主義が現れました。日本はアメリカに追従しましたが、コスタリカは国連重視の外交に努めました。アメリカが無根拠なイラク戦争を起こしたとき、日本はそれを支持しましたが、コスタリカは反対しました。

コスタリカは、軍事力強化によって経済成長を追い求める「永久戦争国家」アメリカとは異なる道を見出しました。コスタリカのアリアス元大統領はそれを「道徳の力」と呼びます。それは国家と資本の暴走を止め、人類を生き延びさせる英知の力です。

アリアスはノーベル平和賞を受賞した際に、平和とは「決して終わることのない一つのプロセス」だと語りました。「平和をつくる者は幸いです」（マタイ五・九）というイエスの言葉をコスタリカは現代に生かしている、と言ってよいでしょう。そして日本の九条もまた同じ力をもっているのです。

第二章　キリスト教的な希望と憲法九条

今日の世界状況は、絶望・諦念・希望が混在する状況であるように思われます。絶望というのは、世界が貧富差の極大化・生態系の破壊・第三次世界大戦という三重の破滅へと向かうことへの絶望です。諦念というのは「今とは異なる世界はありえない」という現状追認です。これに対して希望とは、「今とは異なる世界は可能だ」という期待です。私はこのことを特に東日本大震災と原発事故によって意識するようになりました。前述の三重の破滅はすべて、日本にも現れています。貧富差の拡大は言うまでもなく、生態系の破壊（とりわけ日本列島が放射性廃棄物の最終処分場となること）、戦争（アメリカの極東戦略によって核戦争の「楯」とされること）という最悪の事態が近づいています。またこのような絶望的状況に相対して、諦念と希望がせめぎ合っているように思われます。

この危機がいったい何に由来するのかを突き詰めていくと、近代以降の――日本では明治維新以来百五十年間存続してきた――国民国家と資本主義経済というシステムそのものが限界に達しつつあること、それにもかかわらずこの限界を直視しないことこそが、三重の破滅をもたらす根本要因ではないかということが見えてきます。またこのシステムを超克しようとした百年前のロシア革命（一九一七年）すなわち社会主義革命によって「第二世界」をつくる試みが挫折に終わったことが、東西冷戦の終結後に「今とは異なる世界」への想像力が失われた大きな要因の一つではないかと考えます。

そのようななかで、「今とは異なる世界」への希望を回復し維持することは容易ではありません。絶望と諦念が勝っているように思われます。それにもかかわらず、「今とは異なる世界」への道筋が見えないわけではありません。以下においては、憲法九条が「今とは異なる世界が可能だ」という希望にとって不可欠の道標であることを、ユルゲン・モルトマン（一九二六年～　）と柄谷行人《からたにこうじん》（一九四一年～　）という東西の大思想家に学びつつ、神学的・哲学的に論じてみたいと思います。

1　希望の再発見――ユルゲン・モルトマンに基づいて

ユルゲン・モルトマンが代表作『希望の神学』（一九六四年）を著してから、その続編に相当する『希望の倫理』（二〇一〇年）を著すまでの約半世紀は、「希望」から出発し、「希望」へと回帰する歩みであったと言えます。本節では、両著作を貫く「希望」の特徴を明らかにしたいと思います。

(1) 希望の喪失から再発見へ

モルトマンによれば、キリスト教史において終末論的希望の対象は「最後の審判の日」へと限定されることによって、歴史に対する建設的あるいは批判的な意義を失ってゆきました。

たとえばコリントの教団には、終末がすでに実現したとみなす「現在終末論」が存在しました。キリストは永遠なる神の無時間的な顕現であるとして祭祀化されたのです。またキリスト教がローマの国教となったとき、「永遠にして絶対的なるもの」が地上の社会に垂直に現臨するとみなす現在終末論は、いっそう定着しました。それとともに西欧史は、「キリストの未来を待ち望んで苦悩する場ではなく、キリストの天の栄光を教会的サクラメント的に開示する場」へと変わりました。言い換えれば、新旧二つのアイオーンが相争う黙示録的な歴史観が、永遠なる超越者があらゆる時点に現臨するとみなす形而上学的で静止的な二元論へと変質したのです。

モルトマンによれば、希望に対する「最も厳しい異論」とは、希望を断念する「絶望」ではありません。また希望を不要とする「不遜」でもありません。「現在へ謙遜に同意する宗教」こそが、希望を根底から無効化するものだというのです。

モルトマンは同じ問題を十九世紀末から二十世紀前半の神学者たちにも見出します。この時期は、終末論の再発見と同時に、その再発見そのものを無効化するような時代でした。たとえばバルトの『ローマ書』第二版は、終末を「永遠」、「原歴史」、あらゆる時間の超越的な意味とみなします。「永遠」は歴史のあらゆる時点に対して、近くて遠いものとされます。モルトマンによれば、バルト等は「敬虔なる救済史や世俗的進歩信仰の歴史終末論をまさに克服せんと努める中で、超越論的終末論の手中に陥り、それによって原始キリスト教的な終末論の発見が展開されるよりもむしろ再び覆い隠された」というのです。

モルトマンは旧新約聖書を改めて精査します。そして「出エジプトと復活の神」は現臨する永遠者ではなく、未来への約束と脱出をもたらす神であることを見出します。モルトマンによれば、キリスト教的終末論に固有な言語とは、古代イスラエルを形成してきた「約束」にほかなりません。キリスト教神学は、ギリシャ的ロゴスの仕方ではなく、また経験に基づく教説の仕方でもなく、希望の命題と未来の約束という仕方で、イエス・キリストについて語るのだとモルトマンは主張します。

(2) 聖書における希望の源泉

約束とは、まだない現実の告知であり、それが成就する未来への脱出の歴史を創り出します。その歴史は「同じものの回帰」ではなく、「不可逆的な方向」をもつ運動です。また約束の言葉は、約束が語られることと果たされることとの間に、緊張に満ちた「中間の空間」を創り出します。そこでは、約束に対する服従か不服従か、希望か諦念かを選ぶ自由が与えられます。約束と充足の間の張りつめた「中間の空間」は、イスラエル史の進行によって追い越されることなく、むしろいっそう強くイスラエル史の進行をもたらしました。このような約束は、歴史に対して「剰余価値」をもち、現状への順応を許さないアウグスティヌス的「不安な心」をもたらします。約束の下では経験はあくまで暫定的なものとなります。そのような暫定的(provisorisch)な経験には「先―見(pro-visio)」という契機が含まれます。つまり歴史的諸経験は、それら自体の中に、まだ完全には存在しない何ものかを先取りして指し示すのです。

こうして約束は歴史の地平を開きます。地平は、それを目指す者とともに移動し、さらなる前進へと導きます。約束がもたらす時間は、円環的に回帰する時間ではありません。それは前方を指し示す未完性と暫定性を特徴とします。

キリスト教の教義形成において、形而上学的な神観念――たとえば「不変性」、「受苦不可能性」、「統一性」――からイエスの神秘を論ずる傾向が見られます。また近代以降には、「歴史的人間存在についての一般的理解」からイエスの神秘を論じる傾向が見られます。

しかし、イエスにおいて自己啓示する新約の神は、旧約の神から連続する「出エジプトと約束の神」です。そこに形而上学的な神理解――たとえば「永遠の今」や「イデア」や「不動の動者」――を直ちに当てはめることはできません。聖書の神の属性は、「地上的、人間的、死んで過ぎ去りゆくものの領域を否定することによってではなく、ただ約束の歴史の記憶と語りによってのみ言い表される」からです。「出エジプトと復活の神」を理解するためには、「神を世界もしくは歴史から証明する」ことではなく、その逆に「世界を神と未来へと開かれた歴史として示す」ことこそが鍵を握ると言います。

ユダヤ人イエスもまた、一般的人間存在の事例である以前に、旧約の歴史との連関と葛藤からこそ理解されます。新約におけるイエスの十字架と復活の伝承は、旧約に由来する律法と約束の葛藤から初めて理解されます。

イエスの十字架は、神から派遣された者の処刑であり、それ自体の中に「神の死」を含んでいます。イエスの死は「神から見捨てられること、審判、呪い、約束され賛美される生命からの排斥、遺棄と呪詛」です。これに対して、イエスの復活とは「神から見捨てられることの克服、審判と呪いの克服、約束され賛美される生命の成就の始まり」です。この復活は、律法に忠実な者ではなく十字架刑に処せられた犯罪者にこそもたらされました。パウロはそれを「初穂」（Iコリント一五・二〇）とみなし、律法への服従に基づいてではなく、罪人の義認とキリストへの信仰に基づいて、未来における死者の復活を期待します。こうして原始キリスト教においては、後期ユダヤ教の律法の中心的地位に、十字架につけられた者の復活が取って代わるようになりました。

この復活の史実性はとりわけ近代以降に問題視されてきました。しかし、モルトマンの姿勢は、普遍から特殊へ向かうのではなく、逆に特殊から普遍を問い直すものです。つまり、歴史一般から復活を問題にするのではなく、むしろ逆に、十字架につけられた者の復活という特異な伝承によって歴史一般を問いにさらす姿勢です。

十字架に矛盾する復活の剰余価値とは、「罪に抗う義、死に抗う生、苦難に抗う栄光、分裂に抗う平和」、すなわち経験される現実に対する矛盾と抵抗です。コリントの現在終末論者に対してパウロが主張したことも、まさにこのような十字架と復活の「終末論的差異」でした。

モルトマンはまた、イエスの復活とは「彼自身の未来の約束」、あるいは「彼自身の未来の出現」であるといいます。それは、イエスがキリストとして「自己自身との同一性と差異において、自己を啓示し、同一化する」ということです。復活したキリストが弟子たちの前に顕現したことは、それだけではまだ完結していない出来事、すなわち前方へと指し示し導く開かれた出来事です。復活伝承においては「派遣（missio）と約束（promissio）」という二重のモチーフが見られます。復活伝承は、超越と一体化する神秘主義的な合一や祝福ではなく、むしろ召命、派遣、約束を伝えています。その約束とは、まだ見ぬ義の約束、「死者たちの復活」、公正と命が充溢する未来の約束です。派遣はただこのような約束との連関においてのみ理解されます。派遣（Mission）は狭義においては伝道や宣教を意味します。けれども広義においては、約束と希望に動機づけられた実践、すなわち罪悪に対する正義の回復、死の暴力に対する生の回復を目指す実践です。

⑶　希望の実践

モルトマンは『希望の神学』から約半世紀後の『希望の倫理』において、それを端的に「剣を鋤に打ち直す」（イザヤ二・四）という言葉によって表現します。「剣を鋤に打ち直す」ことは、次のような三段階を成しています。

・剣からいかなるキリスト教的な剣も作らないこと
・剣から鋤に退行しないこと
・剣から鋤を作り出すこと

これが『希望の倫理』の根本命題です。以下においては、「キリスト教的な剣」、「剣から鋤への退却」、「剣から鋤を作り出すこと」という三段階のエートスを見てゆきます。

キリスト教的な剣は、「コンスタンティヌス皇帝における転換」において成立しました。この転換は、「無防備に苦しむ教会」から「キリスト教的な帝国宗教」への転換でした。それはまた、「ローマの平和」に授けられる「キリストの平和」の洗礼、「異教徒の剣」の「キリスト教的な剣」への転換、「ゴルゴタにおけるキリストの真の十字架」の「コンスタンティヌス帝の夢の十字架」への転換でもあります。十字架はこれ以降、キリスト教帝国の軍事的拡大の徴となりました。

「キリスト教的な剣」は宗教改革にも見られます。たとえば『アウグスブルク信仰告白』は、「剣」すなわち国家権力と「福音」との両方を神の秩序とみなす二重統治論です。福音は、現世の政治的秩序を「神の秩序として」守ること、またこの秩序の中にあって「愛を行う」ことを要求するものとされます。キリスト者の義務は、既存の社会秩序への責任ある参加でこそあれ、その秩序を変革する委託は受けていないとされます。ここでは、「キリスト教に固有な正義は存在せず、キリスト教に固有な知恵も存在しない。それゆえに所与の社会から外れるような、目に見えるキリスト教倫理も存在しない」ことになります。

このような「キリスト教的な剣」に対抗するものとして、モルトマンは宗教改革においてルター派と改革派に並ぶ、異端とされた第三勢力であった再洗礼派に注目します。再洗礼派（あるいはアナバプテスト）は、信仰に基づく洗礼のみを主張し、義務的な幼児洗礼を拒否しました。これはコルプス・クリスティアヌムの存在基盤を決定的に動揺させたため、徹底的な迫害を招きました。

再洗礼派はまた、「山上の垂訓」に代表される「キリストの道と教え」を重視し、キリストへの「服従」を根本思想としました。宗教改革者たちの合言葉が「キリストのみ（Solus Christus）」であったのに対して、再洗礼派の合言葉は「キリスト全体（Totus Christus）」でした。再洗礼派の特徴は、古きアイオーンと新しきアイオーンの葛藤を描く「黙示録的な終末論」を、天と地との「存在論的な二元論」あるいは「分離主義的な終末論」へと取り替えたことです。天上の人間であるキリストに嫁ぐ教会は、同じく天的な性質をもち、地上の現世とはもはや関わりがないとみなされます。

再洗礼派は、服従を通してキリストに似ることに関心をもちましたが、公正と平和に基づいて地上の権力を規制することには関心をもちませんでした。中にはミュンスターにおける再洗礼派の王国建設のように、「剣」を用いた暴力的事態も発生しました。しかし再洗礼派の多くは、非暴力と非武装の生活を貫きました。

彼らは、「霊による」キリストの統治と「肉による」当局の統治とを区別して、後者への参加を拒否しました。

こうした「剣から鋤への退却」が秘めた静かなる抗議に、モルトマンは意義を認めています。再洗礼派は、イエスへの服従の倫理を再発見し、それによって国家と教会の分離、ひいては近代的個人の先駆者となりました。

しかしモルトマンはその一方で、鋤への退却によって、剣が剣のまま黙認されることを指摘します。イエスは「山上の垂訓」において「平和な者たちが幸いである」とは語っておらず、「平和をつくる者は幸いです」（マタイ五・九）と語っておられます。非暴力それ自体は「否定的なものの否定であって、そこからまだ何の積極的なものも生じない」段階です。

モルトマンは「力（Macht）」と「暴力（Gewalt）」を区別します。力は「生を強めて高める」のに対して、暴力は「生を弱め滅ぼす」ものです。では、どのようにして「死の暴力を生の力に転換する」平和創造は可能となるのでしょうか。

モルトマンは平和を維持する正当な力として、国家による権力独占と国民の抵抗権を挙げています。国際的テロ組織に対抗するため、また、新自由主義的な治安維持の商業化・私有化に陥らないため、国家による権力独占には一定の必要性があります。しかし国家が法に服さず、権力を濫用するとき、市民の抵抗や不服従が必要となります。それは「当局への服従よりも隣人愛が重要」となる時です。国家による平和維持は「外面的な平和確保」にすぎません。国家は「人間の心を変えることができず、敵を善き隣人に変えることもできない」という限界をもっています。したがって国家は、人間の手による内面的な平和創造と、非国家組織による外面的な平和創造に依存しているのです。

不正や苦難をもたらす敵に対して、モルトマンは三種類の態度を挙げます。第一の態度は、相互性の原理に基づいて、敵に報復することです。そもそも「敵に報復したいという欲求を感じたことがない者は、敵を愛する能力がない」とモルトマンは言います。しかし、報復は増幅して自由を奪います。次に第二の態度は「苦しんで耐えて、加えられた悪を呑み込むこと」です。しかしこれは「加えられた悪を肯定し、自己を破壊しながらその悪を自発的に継続すること」でしかありません。

これら二つの態度とは異なる第三の態度があります。それは「復讐感情を正義への渇望によって克服すること」です。すなわち、自らの中に巣くう敵意を「報復や自己破壊によって」継続せず、「平和と生を創造する正義のエネルギーに変えること」、「敵意を愛敵へと転換すること」です。

では、人間はどこで、敵意を愛敵へと変革する自由を見出すのでしょうか。それは相互性の原理ではなく「先行性と創造性」の倫理です。モルトマンはこれを実践的な三段階によって説明します。

愛敵の第一歩は、敵意の圧迫から自らを解放することです。「山上の垂訓」によれば、私たちは「敵の敵」ではなく「天の父の子」であるがゆえに、憎悪の応酬から身を離し、「太陽や雨のように生を愛する神」にふさわしく、自らを方向づけることができます。太陽や雨は、善と悪、友と敵の区別を超えて、「私たちが共に生きることに関心をもつ」からです。

愛敵の第二歩は、他者を認識することです。あらゆる敵意は「敵の非人間化」や「他者の悪魔化」とともに始まります。自分自身を敵の中に認識し、敵を自分自身の中に認識することが必要です。それは、敵もまた、私が自分のために要求するのと同じく、人間の尊厳と権利をもっているという認識です。

愛敵の第三歩は、敵意の理由を認識することです。「敵対する人間あるいは国民の苦難の物語を聞くこと」です。これは「上から見下す態度」ではなく、「共感と共苦の態度」でなければなりません。そのような出会いの一例として、モルトマンは「他方の側の集団墓地」でもたれる「共同の追悼の時」を挙げています。愛敵とは、人質が犯人に対して肯定的な感情を抱くような、不安から生ずる態度ではありません。暴力へのマゾヒズム的な屈服でもありません。そこでは愛敵の主体が失われています。愛敵は情緒的ではなく「合理的な」ものでなければならない、とモルトマンは言います。合理的な愛敵とは、自分と敵の双方が敵意に陥るのを阻止することです。それは「一方の手で攻撃を防ぎ、他方の手で平和と共生をもたらす」姿勢とも言われます。

「山上の垂訓」は、かつて再洗礼派が見出したように、暴力的な世界に対する「大いなる代替案」であり、「世界変革の倫理」です。大いなる代替案は、小さな歩みを導く終末論的な地平です。なおモルトマンは、「私たちは、世界を変えるために神を必要とするのではない。神を味わうために、世界を変えるのである」と述べています。世界を変革する道徳が終末への希望を根拠づけるのではなく、終末への希望こそが世界を変革する道徳を根拠づけるのです。この逆転にこそ、キリスト教的な希望の固有性があります。それは、福音が道徳（律法）に先行する、福音主義的な倫理の固有性です。また希望の光は現実の闇を隠蔽するのではなく、むしろそれを露わにします。希望の高揚とともに、恐れや不安も高揚します。希望は光と闇の落差、未来と現実の差異に耐えつつ、変革的な倫理をもたらします。

モルトマンの神学的な希望論については以上で締めくくります。次節においては、日本の哲学者である柄谷行人による独自の終末論へと、視野を転ずることにします。

2　世界史の構造の中のキリスト教──柄谷行人に基づいて

(1)　交換様式論

以下においては、哲学者の柄谷行人が展開する「交換様式論」と、それに基づくキリスト教理解を概観し、キリスト教信仰との関係を論ずることにします。特に手掛かりとするのは、画期的な大著『世界史の構造』（二〇一〇年初版、岩波書店）と、その骨格をなす「交換様式論」です。

『世界史の構造』が論じるのは、「歴史学者が扱うような世界史」ではなく、「構造論的」で「超越論的」な洞察です。その洞察は、世界史の移行を複数の「交換様式」に基づいて解明し、さらにそのことによって、未来の「世界共和国への移行に関する手掛かり」を探求します。

『世界史の構造』はまず冒頭において、「現在の先進資本主義国」のシステムを資本・ネーション・国家という相互補完的なシステムととらえます。これら三つは「それぞれ異なる原理に根差している」と同時に、「互いに補いあうように接合されて」おり、「どの一つを欠いても成立しないボロメオの環」をなしています。この資本・ネーション・国家というシステムは、今日これ以上根本的な変革がありえないかのように、「歴史の終焉」であるかのように、人々を支配しています。

それでは何ゆえに、それを「歴史の終焉」と承認してはならないのか。何ゆえに、それをあえて超出しなければならないのか。差し迫った理由は、このシステムが破局的な危機を阻止することができないということです。それは貧富差の極大化、生態系の破壊、世界戦争という三重の複合的な危機です。さらにこのシステムが、人間の尊厳と自由を保証し得ないということです。

柄谷によれば、資本・ネーション・国家を相互連関的なシステムとして把握したのは、ヘーゲルの法哲学体系であり、それはまた「フランス革命が唱えた自由・平等・博愛を統合するもの」でした。

マルクスはヘーゲルを批判し、資本を下部構造、ネーションや国家を観念的な上部構造とみなしました。そして下部構造が廃棄されれば上部構造も自然に消滅すると考えました。しかしこの見方は、資本に対するネーションと国家の相対的自立性を見落としており、その結果として、マルクス主義は「国家とネーションという問題で大きな躓きを経験してきた」と柄谷は言います。それは、マルクス主義のファシズムへの敗北や、社会主義体制の独裁国家化と崩壊を指しています。

そのようなことを踏まえて、柄谷はマルクスの生産様式論を「交換様式論」へと発展させます。それは世界史を四種類の「交換様式」の複合体としてとらえることです。

交換様式Aとは、「贈与と返礼」です。贈与と返礼の互酬制は、未開社会から現代社会に至るまで広く存在します。そこでは贈与行為によって、贈与者が権力を誇示します。贈与はそれを受けた者に負債を課し、さらに返礼できない者を共同体から排斥することもあります。したがってこのような互酬制は、成員の共同性や平等性を目指しつつ、真の意味で自由ではありません。

交換様式Bとは、「支配と服従」あるいは「略奪（略取）と再分配」です。これは、ある共同体が他の共同体を略奪するところから始まります。「略奪」それ自体は交換ではありません。「では、略取はいかにして交換様式となるのか？　継続的に略取しようとすれば、支配共同体はたんに略取するだけではなく、相手にも与えなければならない。つまり、支配共同体は、服従する被支配共同体を他の侵略者から保護し、灌漑などの公共事業によって育成するのである。」　それが「国家の原型」です。

交換様式Cとは、商品および貨幣の交換です。それは相互の合意に基づく市場経済の交換です。それは、前述の交換様式Aのように贈与によって他者を拘束できないときに、また交換様式Bのように暴力によって他者から強奪できないときに、成立します。つまり商品交換は、互いに他を自由な存在として承認するときにのみ成立すると言えます。ただし注意すべきことは、それが「相互の自由を前提とするにもかかわらず、相互の平等を意味するものではない」ということです。商品は交換されるかどうかわからないので、貨幣を持つ者が圧倒的に優位に立ちます。そこに、貨幣を蓄積しようとする欲動、つまり資本が発生する理由があります。貨幣による力は、贈与や暴力に基づく力とは異なります。それは他者を物理的に強制することなく、合意にもとづく交換によって使役することができるがゆえに、新しい「階級」支配をもたらします。

交換様式Dは、以上の三種類の交換様式とは異なる、第四の交換様式です。それは最も重要であると同時に、最も高度なものです。Dとは、Bがもたらす「国家を否定するだけでなく」、Cがもたらす「階級分裂を越え」、「Aを高次元で回復するもの」です。それは、「自由で同時に相互的であるような交換様式」です。ただし交換様式Dは、他の三つの交換様式とは異なって、「理念」であって「現実には存しない」ものとも言われます。

(2) 交換様式論とキリスト教

柄谷によれば、そのような交換様式Dを最初に開示したものが、様々な「普遍宗教」です。普遍宗教は「古代文明が発生した各地域で、ほぼ同時期に、互いに関係なく」生じました。それは「都市国家が互いに抗争し、広域国家を形成するまでの」転換期でした。別の観点から言えば「貨幣経済の浸透と共同体的なものの衰退が顕著になる時期」でした。そのような広域国家を柄谷は「帝国」もしくは「世界帝国」と呼びます。帝国は、交換様式BおよびCが空間的に拡大した状態です。その際、帝国は国家の中央集権化とともに、神の超越化、すなわち超越神による被支配者の神々の否定や包摂を必要とします。そのような宗教は「世界宗教」と名づけられます。

これに対して「普遍宗教」は交換様式Dとして現れます。それは共同体・国家・商人資本主義に対抗し、相互的な「アソシエーション」を目指します。普遍宗教は、国家（交換様式B）の支配下で、商人資本（交換様式C）によって共同体（交換様式A）が解体されていった時、それらに対抗する交換様式Dとして現れます。

普遍宗教はまた「一定の人格によってもたらされた」という特徴をもちます。普遍宗教をもたらす人格とは、たとえば「預言者」です。そこに共通するのは、預言者による、祭祀階級や王権に対する否定です。柄谷はその典型をイエスに見出します。預言者としてのイエスは、それ以前の預言者と同様に、祭祀階級を批判します。しかし柄谷はイエスの批判の徹底性を、「ユダヤ人がローマ帝国と貨幣経済の下に、ますます伝統的な共同体から遊離した個人として生きるようになった時期に活動した」ことに基づくと考えます。それは伝統的共同体、国家、貨幣経済の「いずれをも否定して生きること」でした。すなわち交換様式A・B・Cに対抗し、交換様式Dとしての共同体を実現することでした。

イエスの教えはパウロを経て、ローマ帝国という「世界帝国」に浸透します。しかし、それとともにキリスト教も変質してゆきます。「遊動的であり、平等主義的な集団」は「ハイアラーキカルな集団」へと変じます。地上に実現することを待望された「神の国」は天上化され、非政治化されます。それは、普遍宗教が

「国家や共同体に浸透すると同時に、それらに回収されてしまった」ことを意味します。「だが、そうであるかぎり、キリスト教は世界宗教（世界帝国の宗教）ではあろうが、普遍宗教ではない」と柄谷は言います。このようにして「世界宗教」と「普遍宗教」は、厳密に区別されます。

その後のキリスト教史において、交換様式Dは、「しばしば異端的な宗派の運動というかたちをとって」現れます。『世界史の構造』が例として挙げるのは、原始キリスト教への回帰を志向する修道院、カタリ派、ワルドー派、アッシジのフランチェスコ、ドミニコ修道会、トーマス・ミュンツァー等といった事例です。しかし交換様式Dは、いわゆる「異端」だけには限られず、それとは「別のかたちで、歴史的な社会構成体に影響を与えてきた」とも言われます。というのは「普遍宗教を自らの根拠づけのために導入した国家は、その結果、普遍宗教が開示する『法』を受け入れることで自己規制されるようになったから」です。

交換様式Dはまた、宗教的社会運動の形態を取って回帰します。近代の事例としては、ピューリタン革命の中の宗教的・社会主義的な要素、十九世紀のサン＝シモン等の初期社会主義、エンゲルスやカウツキー等に見られる原始キリスト教への再評価などです。社会主義にとって、普遍宗教は「欠くべからざる基盤」でした。

しかし『世界史の構造』が交換様式Dの現代性を論ずるうえで最も重要な手掛かりとするのは、カントです。柄谷によれば、カントこそが「宗教を批判しつつ、なお且つ宗教の倫理的核心すなわち交換様式Dを救出」したからです。カントは「他者を手段としてのみならず同時に目的として扱え」という格率を普遍的な道徳法則であると考えました。それが実現された状態は「目的の国」と名づけられます。他者を「目的」として扱うということは、他者を「自由」な存在として扱うということ、「他者の尊厳、すなわち、代替しえない単独性を認めること」です。「自分が自由な存在であることが、他者を手段にしてしまうこと」であってはなりません。カントが普遍的道徳法則として見出したのは、まさに「自由の相互性（互酬性）」であり、「交換様式D」にほかなりません。

またカントは、彼以後に出現する「社会主義（アソシエーショニズム）の核心をつかんでいた」といいます。ここで言われる「社会主義」とは、「互酬的交換を高次元で回復すること」です。それは「分配的正義、つまり、再分配によって富の格差を解消することではなく、そもそも富の格差が生じないような交換的正義を実現すること」です。カントがそれを内なる「義務」とみなしたとき、「互酬的交換の回復が、人々の恣意的な願望ではなく、『抑圧されたものの回帰』として、一種の強迫的な理念として到来することを把握していた」と柄谷は言います。

「他者」には、同時代の人間だけではなく、過去の死者や未来の世代が含まれます。したがって、「他者を手段としてのみならず同時に目的として扱え」という道徳法則は、世代間の関係にも及びます。現代人が経済的繁栄を得るために環境を破壊する時、それは未来の他者を犠牲にすること、つまり、彼らを単に「手段」として扱うことです。自由の相互性を実現しようとすることが「資本主義経済に対する批判にいたるのは当然である」と柄谷は主張します。

柄谷によれば、カントは世界史の全体が、世界市民の形成する共同体、つまり永久平和を実現する「世界共和国」へと進んでいると考えました。それは「国家の揚棄」、国家間の戦争放棄を必然的に含みます。世界史が「目的の国」ないし「世界共和国」へと向かうということは、一種の「仮象」です。しかしそれは「それなくしてはやっていけない」仮象、理性が必要とする「超越論的な仮象」です。それはまた「統整的理念（regulative Idee）」であるとも言われます。つまり、社会を暴力的につくり変えるような「構成的理念（konstitutive Idee）」ではなく、「無限に遠いものであろうと、人が指標に近づこうと努めるような」ものが、「統整的」な理念です。

すべての歴史事象と同様、「キリスト教」と呼ばれる事象もまた、四種類の交換様式の混合体です。柄谷は、交換様式ＢやＣに従属する「世界宗教」ではなく、Ｄ――すなわち高次元におけるＡの回復――を開示する「普遍宗教」である限りにおいて、キリスト教に意義を見出します。その意味で交換様式論は、キリスト教に対して、他宗教に優越する普遍性を何ら認めません。

交換様式Ｄは、キリスト教的に言えば隣人愛であり、カント的に言えば定言命法です。それは、真の隣人愛を実践し得ない交換様式Ａ・Ｂ・Ｃを超えなければいけないことを指し示しています。Ａ（贈与と返礼）は、たとえどれほど相互扶助的であっても、拘束的で閉鎖的な共同性にとどまります。Ｂ（支配と服従）は、たとえどれほど平穏に見えても、国家の本質である「暴力の独占」を前提とします。Ｃ（貨幣および商品の交換）は、資本主義の原理として、たとえどれほど自由で平等であるかのように見えても、他者や自然を、利潤の獲得――剰余価値の実現――のための手段へと貶めます。

またこのような交換様式論は、物質的下部構造と観念的上部構造の対立、言い換えれば経済と倫理の分離を不必要とするものです。道徳性の契機は、交換様式の中に含まれます。

とりわけ注目すべきことは、国際政治における、交換様式Ｄのいわば最大規模の実践が、非暴力、武装放棄という逆説的な「贈与」であるということです。それは、国家と資本という双頭の権力構造――言い換えれば軍・産複合体――を脱構築する、平和創造の力です。このような非暴力の贈与がもつ平和創造の力は、十字架刑という国家の暴力装置を、平和と和解の象徴と源泉へと変革した、キリストの十字架と通底するものです。

それとともに興味深いことは、交換様式論とキリスト教的終末論の接近です。「統整的理念の声は小さい。しかし、その声は、現実に実現されるまで、けっしてやまない」と柄谷は言います。交換様式A・B・Cを超えるDの「声」は、どれほど「抑圧」されても「回帰」することをやめません。そしてそれこそが、普遍宗教が「神の力」として表象してきたものだと言います。かつて史的唯物論が、観念的上部構造と物質的下部構造の「上下」を逆転させたのに対して、交換様式論はこれをいわば「前後」に転倒します。それは垂直軸を水平軸へと転倒し、「神の国の到来」という神学的表象を交換様式Dとしてとらえ直すことです。交換様式Dとキリスト教的「神の国」は、「待つことと急ぐこと」の弁証法において、言い換えれば、人間が受動的でありつつ、能動的に目指す対象という意味で、共通性をもちます。

結びに代えて——九条とキリスト教

憲法九条とキリスト教に共通するのは「贈与の力」です。死に至るまでのイエスの自己贈与は、十字架という国家（交換様式B）の暴力装置を、和解と平和（交換様式D）の源泉へと変革する出来事にほかなりません。キリストの「贈与の力」は、その「力」が満ちあふれる「神の国」への希望を生み出しました。そしてこの終末論的希望は、後世カントの永久平和論によって哲学的に継承されました。さらにその理想は、柄谷の近著『憲法の無意識』（二〇一六年）によれば、国際連盟、パリ不戦条約、国際連合、そして日本の平和憲法へと結実してゆきました。キリスト教に淵源する平和の理念は、数奇な運命を経て日本へと到来し、今やそれを「実行」することへと日本人を「召命」していると柄谷は言います。

この「実行」とは、交換様式A・B・C（ネーション＝国家＝資本）が作り出す「ボロメオの環」に対抗して、交換様式D（自由の相互性）をあらゆる次元で発動することです。九条を「実行」せよという「知性の声」は、A・B・Cを超えるDの反復的到来であり、どれほど抑圧されても回帰することをやめません。未来から到来する「神の力」（ローマ一・一六）へと応答する者は、その「知性の呼び声」に応答するでしょう。

以上の考察から、モルトマンの説く変革的終末論、そして柄谷の交換様式論が含む終末論が、いずれも武力なき世界という人類史の究極の到達点への希望の表現であることが見えてきます。前者は信仰の内側から、後者は信仰の外側から、同一の希望をとらえているのです。

モルトマンの「剣を鋤に打ち直せ」という希望の倫理を具体化したものが、コスタリカや日本の軍事放棄の憲法です。さらにその希望を柄谷の側からとらえれば、交換様式A・B・Cを超えるDへの尽きせぬ希望、Dを実践せよという未来からの呼び声にほかなりません。神が「それ以上大いなるものが考えられないもの」、到来する至高の未来であるとすれば、それはあらゆる力の支配を揚棄する終末論的地平だと言えるでしょう。

〔本稿は、以下の複数の文章と内容が重複していることをお断りします。福嶋揚「希望の神学と憲法九条」（東京基督教大学二〇一七年度ファカルティ・ディベロップメント報告）、ユルゲン・モルトマン『希望の倫理』（福嶋揚訳、新教出版社、二〇一六年）の巻末解説「希望という倫理——ユルゲン・モルトマンの根本思想」、福嶋揚「支配の神学」（田上孝一編著『支配の政治理論』社会評論社、二〇一八年）〕

キリスト王権の聖書的考察
——聖書のキリスト王権の教えと日本の霊的革命——

瀧浦　滋

「主は王である。」（詩篇九七・一a）

「王権は主のもの。主は　国々を統べ治めておられます。」（詩篇二二・二八）

「主は地のすべてを治める王となられる。」（ゼカリヤ一四・九a）

「この時からイエスは宣教を開始し、

『悔い改めなさい。天の御国（直訳は、王国）が近づいたから』と言われた。」（マタイ四・一七）

「心の貧しい者は幸いです。

天の御国はその人たちのものだからです。……

義のために迫害されている者は幸いです。

天の御国はその人たちのものだからです。」（マタイ五・三、一〇）

「さて、あなたがたは自分の背きと罪の中に死んでいた者であり、かつては、それらの罪の中にあって

この世の流れに従い、空中の権威を持つ支配者、すなわち、不従順の子らの中に今も働いている霊に従っ

て歩んでいました。私たちもみな、不従順の子らの中にあって、かつては自分の肉の欲のままに生き、肉と心の望むことを行い、ほかの人たちと同じように、生まれながら御怒りを受けるべき子らでした。しかし、あわれみ豊かな神は、私たちを愛してくださったその大きな愛のゆえに、背きの中に死んでいた私たちを、キリストとともに生かしてくださいました。あなたがたが救われたのは恵みによるのです。神はまた、キリスト・イエスにあって、私たちをともによみがえらせ、ともに天上に座らせてくださいました。」（エペソ二・一～六）

「『世の偶像の神は実際には存在せず、唯一の神以外には神は存在しない』ことを私たちは知っています。というのは、多くの神々や多くの主があるとされているように、たとえ、神々と呼ばれるものが天にも地にもあったとしても、私たちには、父なる唯一の神がおられるだけで、この神からすべてのものは発し、この神に私たちは至るからです。また、唯一の主なるイエス・キリストがおられるだけで、この主によってすべてのものは存在し、この主によって私たちも存在するからです。」（Ⅰコリント八・四b～六）

「イエスは近づいて来て、彼らにこう言われた。『わたしには天においても地においても、すべての権威が与えられています。ですから、あなたがたは行って、あらゆる国の人々を弟子としなさい。』」（マタイ二八・一八～一九a）

「この世の王国は、私たちの主と、そのキリストのものとなった。」（黙示録一一・一五b）

「しかし、ペテロと使徒たちは答えた。『人に従うより、神に従うべきです。私たちの父祖の神は、あなたがたが木にかけて殺したイエスを、よみがえらせました。神は、イスラエルを悔い改めさせ、罪の赦しを与えるために、このイエスを導き手（新改訳第三版は「君」）、また救い主として、ご自分の右に上げられました。』」（使徒五・二九～三一）

「なぜ　国々は騒ぎ立ち　もろもろの国民は空しいことを企むのか。
なぜ　地の王たちは立ち構え　君主たちは相ともに集まるのか。
主と、主に油注がれた者に対して。……
『わたしが　わたしの王を立てたのだ。わたしの聖なる山　シオンに。』……
それゆえ今　王たちよ　悟れ。地のさばく者たちよ、慎め。
恐れつつ　**主**に仕えよ。
おののきつつ震え　子に口づけせよ。」（詩篇二・一～二、六、一〇～一二）

「すべての敵をその足の下に置くまで、キリストは王として治めることになっているからです。」（Ｉコリント人一五・二五）

第一章　聖書のキリスト王権の教えとその具体的展開——サイミントンに学ぶ——

聖書は、いま神の国が来て、キリストが私たちの王であられることを宣言している（マタイ六・三三）。私たちは、この日本で、この見えざる神の国を見つめて、私たちの王なるキリストの王国にお仕えする。この信仰による良心的自由を基軸とする国「日本」への霊的革命を、私たち日本のキリスト者は目指す。

1　「キリスト」という呼称の意味と主の三つのお働き（Works）について

キリストという呼称のギリシア語の christos は、ヘブル語の mashiah と同様の意味で、日本語に訳すと「油注がれた者」である。この「油注がれた者」とは、旧約聖書では「王」と「祭司」（共に多数の例がある）と「預言者」（I列王一九・一六のエリシャの例がある）である。つまり、キリストまたメシアとは、それらの三つの職が表している「治め、守り」「とりなし」「語る」という三つの働きのために、神からの特別な賜物賦与のしるしとして、油が注がれた人のことである。

ということは、キリスト（メシア）とは苗字などではなく、救い主のお働きを現す「称号・職名」であると言える。つまり、旧約聖書には無数の小キリストがいて、それがやがて来られる真のキリスト、救い主なる王の到来を現していたということになる。このような意味を考えると、「キリスト」を一言で意訳すれば「救世主」となるだろうか。（ヘンデルのメサイアはしばしば「救世主」と訳される。）世界を罪から救うために、神が特別な聖霊の賜物を与え、神のことばを教え、罪人たちとの和解をとりなし、王として世界を守り導くために、神がお立てになった特別な方であるということになる。

2　そのキリストの「王権（Kingship）」、特に「仲保者としての王権」について

ここでは、「キリストが神としてもたれる神本来の王権（Dominion of God over all His creatures）」とは別の、聖書が教える「キリストの仲保者的王権（Mediatorial Kingship）」の教えと、その力の王権と恵みの王権の二つの側面（The Regnum Potentiae and the Regnum Gratiae）を説明したい。

(1)　「キリストの王権」というとき、このキリストの職務の三職の一つを表すことがまず考えられる。多くの教理書や組織神学書では、そのように教えられている。初心者向けのウェストミンスター小教理問答書でも「キリストの王権」は、キリストの三職論の中に置かれている。確かに聖書の言う王権の中心はキリストの王権である。しかし聖書には「御子キリストの王権」だけでなく、まず「神の王権」の教えが広範に広がっている。組織神学者のL・ベルコフは、聖書の中の広範な王権の教えを以下のようにまとめている（*Systematic Theology*, pp. 406f. cf. A. A. Hodge, *Outline of Theology*, chapter 27)。

①神としての本来の全被造物への王権（Dominion of God over all His creatures）

②聖書の教えるキリストの仲保者としての王権（Mediatorial Kingship）

仲保者キリストに救われた教会のために与えられた、この世界（国々）を支配する王権である。ご昇天着座で成就し（マタイ二八・一八）、王権を御父に帰されるまでの（Ⅰコリント一五・二五）、人となって、よみがえられた御子なる王によって選ばれ救われたクリスチャンのための、教会と王を通してのご支

配だ。

(2)　この仲保者的王権に二つの道がある。両者は明白に分離・区別されつつ互いに助け合って主に仕える。

①王キリストは「力の王権」で、「為政者」を用いて、この世を統治し、罪を抑制して正義を奨励する。

②王キリストは「恵みの王権」で、「みことばと役者《えきしゃ》」を用いて教会を心服させ、統治して世に宣言する。

(3)　聖書の教える「キリストの仲保者的王権」については、次の五つの点でまとめることができよう。

①神の永遠の聖定において御子に委ねられた、神の民と世界への王権である。

②人となられた神の御子キリストの、復活・昇天・着座（マタイ二八・一八）で成就、実現した王権である。

③現在私たちの上にあり、終末に御父にその王権が返されるまで（Ⅰコリント一五・二五）の王権である。

④教会とクリスチャンを救い守るために与えられた、救い主なる十字架の主の、今の世界への王権である。

⑤復活の王キリストが、今、国家と教会という二つの道を通して働いておられる王権、ということだ。

(4)　神の摂理と契約原理の関係と共鳴して、キリストの仲保者的王権の教えは聖書の理解を深化させる。聖書の「神と人との契約」の教えとは、神の「摂理」を背景としている。神が全被造物を摂理によって動かされるとき、人との関係で動かされる。その原理が「契約」である（ウェストミンスター小教理問答書、問一二）。

たとえば、いのちの契約（または業の契約）では、人間が従えばすべてを「いのち」のほうに、背けばすべてを「死」のほうに摂理なさるという原理が啓示されている。その「契約」がいま人間を支配している。人はその事実に気づいて「因果律」などと呼んでいる。さらに、「恵みの契約」とは、神と人との間の仲保者（贖い主）を信じ、拠り頼む者には、神さまがすべてを働かせて益としてくださるよう「摂理」されるという新しい原理が啓示されたということである（ローマ八・二八）。

この「契約」に基づく世界と人生における「摂理」の事実を、「キリストの仲保者王権」の教えからより深く理解することができる。すると、聖書の多くの箇所がその前提で書かれていることが分かってくる。「キリストの仲保者的王権」を神の摂理との関係で見ると、どうなるか。

「キリストの仲保者的王権」とは、よみがえり、天の御座におられるキリストが、「救われたクリスチャンとその教会を守るため」に、「教会と王たち」を通して「救い主なる王」としてご支配なさる事実を言っている。これは、恵みの契約による（贖い主による）神の、愛するクリスチャンのため一切を益としてくださる摂理のお働きを、キリストの王権の角度から語っていることになる。例を挙げる。

神が私たちのためにお立てくださった救い主（仲保者）なる王に委ねられた王権により、被造物も人生も動かされることで、私たちの願いが実際に実現するから、私たちのようなものが祈ることが可能となる。主がクリスチャンの祈りを実際に聞き、王権をもって世界を動かされるゆえ、祈りが実現すると確信できる。だから、たとえば「主の祈り」が祈れるのだ。だからこそ、「与えたまえ」も「赦したまえ」も「救い出したまえ」も、単なるお題目ではないリアルな確信を伴うようになる。

「求めなさい。そうすれば与えられます」（マタイ七・七）のみことばを、あなたはなぜ信じるのか。神があなたを顧みてくださるという保証はどこにあるのか。それは、天の御座におられる復活のキリストが、救い主の「仲保者王権」をもってクリスチャンのために支配してくださっている事実があるからである。王なるキリストは今、自然界全体と、一人ひとりの人をご支配になり、特に、主のしもべたちである教会と国家を（すなわち、教会を通してみことばを与え、また、為政者に国家社会を治めさせ）動かして、私たちを守り導くために、王として支配し働いてくださっているのである。

3　聖書における「キリストの仲保者的王権」とその意味の壮大な広がり、特にその下の「為政者」

十九世紀初頭のスコットランドの牧師サイミントンによる『メサイア・ザ・プリンス』（*Messiah the Prince*, William Symington 1999, National Reform Association: The Christian Stateman Press）は、このキリストの「仲保者としての王権」を、多くの聖書箇所に基づいて徹底的に研究した書である。この書に基づいて、さらに聖書に基づいて「キリストの仲保者的王権」の教えを詳細に瞑想したい。

(1)　ウィリアム・サイミントン（William Symington, 1795–1862）は、ストランラー（Stranraer）改革長老教会の病気がちな牧師であった。彼は、グラスゴーから八マイル南、スコットランド南西岸にある、片田舎の北アイルランドへの出口の港町で、曇りがちなスコットランドの気候と海と丘の自然に囲まれて牧会するなかで、壮大なキリストの王国が現実にこの世界にある幻を見ていた。

そして一八三八年に、多くの聖書のみことばを引用して『メサイア・ザ・プリンス』を書いた。そこで彼は、キリストの仲保者的王権を、聖書のことばを用いて、私たちの前に描き出し、書き残している。

主にこのサイミントンの書の一部を要約して、聖書の「キリストの仲保者王権」の教えを紹介する。

(2) 聖書はキリストの王権を宣言している。
本稿冒頭にその聖句の流れを引用した（詩篇九七・一、二二・二八、ゼカリヤ一四・九、マタイ二八・一八、黙示録一一・一五等）。

(3) 旧約聖書の編集の基本理念は「契約と王権」だった（エゼキエル三七・二四～二八、詩篇一〇三・一七～一九）。
それは、おいでになるメシアに備えるもので、オーストラリアの牧師アンドリュー・スチュワート（Andrew Stewart）の『歴代誌注解』（1997, Evangelical Press）によると、「キリスト到来に飛び込んで行くための飛び板」だった。預言書もそうだが、特に、歴代誌や詩篇のような紀元前五世紀の旧約聖書結集期のみことばは、その特色が強く出る。それを新約聖書が当然受けとめ、成就としてキリスト到来を告げている（ヘブル一三・二〇、マタイ二八・一八）。

(4) たとえば詩篇の第四巻は、モーセの人生を振り返る歌に始まり、「人生の歌」が「王権への告白」を軸にして歌われている。主の王権の告白の繰り返しだ（詩篇九三・一、九五・三、九六・一〇、九七・一、九八・六、九九・一）。

(5) 救い主の王の到来も語られる（ゼカリヤ九・九、一一、イザヤ三三・一七、詩篇一四九・二、イザヤ六・

五、詩篇二四・七〜八）。聖書全体を通して、キリスト王権は旧約聖書の預言と新約聖書の成就で示されている。

今、王キリストが天の御座から支配しておられる。神の国が来、神の教会が建てられている。

(6) ダビデの子である御子が諸国の王として立てられるという、明確なダビデ王の預言がある（Ⅱサムエル七・一三〔ダビデ契約〕、詩篇二・六）。

それは未来でなく「今」である（詩篇二・一〇〜一二）。今、御座に着いておられる（詩篇四七・二〜九）。王たちはその方の前に従順に仕えることで祝福される（詩篇七二・一〇〜一一、一七）。真の王に王たちがしもべとして仕える（イザヤ四九・二三〜二三）。王たちが導かれて来る（イザヤ六〇・一一、一二、一六）。諸国がことごとく、この方に仕える（ダニエル七・一三〜一四）。終わりの時に、すべての国がキリストのものとなる（黙示録一一・一五）。

(7) では、この王はどのような支配をされるのか。

この方は、私たち罪人たちの贖いを成し遂げ、復活して、神の右の座に王として座しておられる。

①だから私たちは何者も恐れず、この方に仕えるべきである（使徒五・二九〜三二）。

②この方は王の王である（黙示録一九・一六）。

③王たちにその王としての存在自体と権威を与えている方である（ローマ一三・一、Ⅰペテロ二・一三、ヨハネ一九・一一）。

④王として私たちの教会を守り、治めるため、(a)王たちに従順を求め(詩篇二・一二)、(b)王たちの反抗を抑制し(詩篇二・二)、(c)裁きを執行し(ヨハネ五・二二、二七)、(d)福音宣教の道を備えるために働かせ(マタイ二八・一九)、(e)教会に応え(ヨハネ一四・一三~一四)、(f)教会を知り、そして守り(ヨハネ一四・一八a、黙示録一・一二~二〇、詩篇一三九・四~五)、(g)それを常に一新しようとして待っておられる(黙示録三・二〇~二二)。

(8) この現在の救い主キリストの王権に対して、「為政者」が本来目指すべきことは何か。為政者がキリスト者である場合に、どのように考えるべきかをまず考えよう。

①主キリストの王権を認め、その栄光を畏れ敬い、この真の王に仕える思いで国を治める(詩篇二・一〇~一二、Ⅰコリント一〇・三一、詩篇一一〇・三)。

②聖書のみことば、特にその掟(「十戒」)の原理に従って、法を定める(申命四・五~六、一七・一八~二〇、ヨシュア一・八、Ⅰ列王二・一~三)。

③政府などで働く支配者たちの資質を、聖書の基準に従って整える(申命一・一三、一七・一四~一五、伝道者一〇・一六、出エジプト一八・二一、Ⅱサムエル二三・三、箴言二〇・二八、二九・一二、三一・四~五、申命一七・一五、ネヘミヤ七・二)。

④王なる主キリスト、そしてその御心(特に、愛の「十戒」)に従うことを優先する決心をもつ(ローマ一三・一、Ⅰペテロ二・一三、ヨハネ一九・一一)。

⑤仲保者(救い主)である王キリストに対して感謝と忠誠を誓って政治を行う(イザヤ一九・一八、二〇、

六二・四、ネヘミヤ九・三二)。

このことを考えると、この王キリストへの忠誠こそ、クリスチャンにとっては、どの国の場合でも唯一の真の「国家基軸」なのだ。信仰の良心をもって主の御心に仕える国々のこの連帯が、世界に広がることを祈りたい。

(9) キリスト者でない為政者について——旧約聖書の「キュロス王の預言」の意味

キリスト者でない王たちも、このキリストの仲保者的王権のもとで用いられる。このことの典型例は、「キュロス王」である。キリスト者でない王も、主から国家を治める責任と権威を委ねられているので、前項末に列挙した「現在の救い主キリストの王権に対して、為政者が本来目指すべきことは何か」に準ずることが、その為政者としての使命を果たし、祝福のうちにその働きを全うする道である。

①まず、キリスト王権とその型であるキュロス王(エズラ一・一~三、イザヤ四五・一~七)を考えてみよう。エズラ記一章二節のキュロス王の言葉を読むとき、メシア=キリストと重なることを感じる。すべての国の王として建てられ、真の神を礼拝する所を完成させる使命を述べている。また、イザヤ書四五章一節では、このキュロスが「油注がれた者(メシア)」であるとさえ言われている。彼は、キリスト王権を表す型として歴史の中で現れる者であることが預言されたのだ。

②キュロス王は、キリストの仲保者的王権のもとでキリストに用いられる国々の王(為政者)の代表である。彼がどんな王であったのかは、イザヤ書四五章一~七節に垣間見られる。そこに見られる姿について主は「あなたはわたしを知らないが」(五節)と明言される。キュロスは異教の神を信じ、真の神を本当には

知らない為政者だ。しかし、主は彼を立て、用いて、ご自分を現し、ご自分の民を助けられるとある。これはまさに、キリストの仲保者的王権の下にあって用いられる国々の為政者の姿で、キュロスはその代表として現れている。

4　キリスト王権とそのもとでの聖書の為政者像を現代の私たちと為政者たちに当てはめてみる

(1)　この王なるキリストのもとで現代のキリスト者でない為政者たちをどう見るか。

現在の時点での為政者たちを考えてみると、王キリストの権威のもとで、①主からの権威の「しもべ性」に疑問があるケース（米国など）、②罰を招かざるを得ないと見える、与えられた権威の致命的な偶像化のケース（北朝鮮など）、③政教一致の無政府状態に対し、公正な権威を付与された体制と経済が必要なケース（イスラム国家など）、④政治的カオスに対する、公正な権威を付与された体制の形成の支援が必要なケース（南スーダンなどアフリカ諸国）、⑤権威の乱用による拘束、特に信仰と良心の抑圧が監視されるべきケース（中国など）、⑥権威の反キリスト化と、それに伴う剣の乱用の危惧があるケース（日本の国家神道など）、⑦権威の差別的で不公平な執行が問題であるケース（沖縄など）、⑧権威のもとでの富の偶像化＝貪りの罪による腐敗のケース（社会の格差の問題など）がある。

(2)　いずれの問題に対しても、教会が霊的にこの世の権威からみことばによって自律するものとして形成されることから、そして、みことばでみこころを真っ直ぐ証しすることから、私たちの働きが始まる。まず教会自体でみことばの権威によるキリストの王権が立てられ、国々に対するキリストの王権支配への確信が養われ、信仰の良心の自由が確信され、確立されねばならない。そのうえで、この世に対し、みこころを証しする務めにあたることになる。

(3)　私たちキリスト者、またその教会は何をすべきか。

私たちの仲保者（救い主）、教会を守るために国々の上の王でもあるキリストがおられるからこそ、私たちは以下のことに励むことになる。

①まさに、国家社会のために「祈る」ことに中心的な意味がある。

②どんなときにも、地上から天の御座に目を注ぎ、「信じ礼拝し」、揺るがない。

③支配しておられる王に期待して、みこころに沿って「発言し行動する」。

④すべての社会的国家的アジェンダの根拠の洗い直しが必要である。

キリスト者としての私たちのすべての社会的国家的アジェンダの根拠を洗い直し、一般的な政治的主義主張を移入して、聖書のことばをまぶして提供するような安易な方法を戒め、聖書的・神学的に明確なものに変える。そのために軸となるのが、キリスト（その仲保者的王権）の神学である。信仰と聖書に立つキリスト者の一致を広げるためにも、聖書からの確信との関係を常に確認しつつ、運動していくことだ。人道主義的（Humanitalianistic）で曖昧な考えや、単に革新的また保守的な思想に呑み込まれないように、徹底して聖書のキリストを仰いで、常に確信をもって発言できるように聖書的神学的思索を一貫していくことが、今日の日本のキリスト者（教会）の社会的国家的証しにとって、きわめて重要である。

第二章　教会の歴史における「キリストの王権」の現れ、特に日本の政治への適用

1　教会史における復活のキリストの王権と、クリスチャンの良心的服従の自由の戦い

宗教改革の根本原理は「キリストのみが救う」(Only Christ Saves) に加え、「キリストのみが治める」(Only Christ Reigns) にもある。そこに、信仰の戦いの確信と良心的服従の自由のための土台を据えたい。そのうえで、キリストの教会への王権と国家への王権の両面で、私たちは主に従う戦いに召されている。

(1) 人となった御子なる王が、救い主として、私たち信徒のため、その求めを聞き、祈りに応えて、御栄えと御国とみこころをこの世にもたらし、一切のことの中でそれを益とするように、働いておられる。私たちの仲保者としてのキリストの今のお働きは、この王権を存分に働かせて、なされている。その王権を、キリストはまず教会に委ねて、みことばの権威を立て、御霊によって働かせられる。また、国家・為政者に委ねて、剣の権威を立て、教会(キリスト者)の福祉のために御霊で導かれる。

(2) 教会史とは、このキリストの仲保者的王権の、教会を通しての権威と、国家を通しての権威という二つの道の相関関係をたどる歴史である。それは常に罪によって歪められてきた。しかし、教会の王であり、真実な意味で国家の王でもあるキリストは、教会の歴史の中で王としての力を様々な器を通して働かせて、

ご自分が教会と国家の王であることをお示しになってきた。

それは、まずローマ帝国の迫害のもとでの初代教会の戦いにおいて示され、次にローマ帝国教会の崩壊過程でもゲルマン伝道で示され、また中世でも修道士や宗教改革の先駆的働きを通して示された。その後、ナショナリズムの勃興の中での宗教改革、特にスコットランドにおける教会（ジョン・ノックスやアンドリュー・メルビルが導いた教会）のキリスト王権による国王との対決において示され、宗教改革後の退廃の中でピューリタンと敬虔主義の活動において示された。さらに、近代産業革命と大衆社会の中で世界福音主義運動と社会改革において示された。キリスト王権はそのような歴史の中で、教会の霊的自律性、信仰の自由、聖書的政教分離のうちに告白されてきた。それらによって、救い主なる王キリストは、歴史の流れの中で、神の民と教会を守ってきてくださった。

2　復活のキリストの王権への良心的服従の柱、すなわち社会と政治の幻の柱は、具体的には何なのか

(1)　キリストの王権とは、私たちにとって、具体的には何に従うことを意味するのだろうか。

キリストの王権が委ねられた器は、教会であり国家であるとして、それにどのように従うことが、キリストの王権に従うことなのか。キリストを王とするとは、具体的に何にどう従うことなのか。それは、聖書の示すとおりに、神が私たちを入れてくださった恵みの契約に、贖い主の救いに拠り頼んで応答することになる。具体的には、啓示されたみこころ、すなわち、神の権威あるみことばである聖書に従うことである。救われて新しくされた心が救い主の御霊に導かれて聖書に聞き、達し得たところに従い、良心的にキリストを王として服従する人生である。そのキリスト者が社会と政治に向かうときには、イエス・キリストが言われ

た「神の国」（マルコ一・一五）「天の御国」（マタイ三・二）、すなわち主のご復活の後には王として着座された「キリストの王国」を、幻とするだけでなく現実としていつも心に仰いで、みことばに従ってこの地上の社会で行動することになる（ヘブル一一・一三b～一六a）。日本を「神の国」と言った日本の首相がいたが、日本は、アニミズムの神々である精霊のうごめく薄暗がりの国を懐古する破滅的ノスタルジアを脱して、真の永遠のいのちをもたらす力をもつ「世界の真の王」の恵みの光に満ちた「神の王国」の一つとなる幻を、みことばから知らなければならない（Ⅱコリント三・一六～一八）。

⑵　みことばとは何かをさらに具体的に言うと、社会と政治の服従の原則は不変の愛の「十戒」である。その従うべきみことばは、聖書に格納されている（“contain” ウェストミンスター小教理問答書、問二）神の救いのご計画とみこころの全体であるが（whole counsel of God）、具体的な判断基準となると、人生の場合、特にそうであるように、王キリストは新約の時代でも変わることなく「十戒」の愛、すなわち、唯一の神への愛と隣人への愛を、私たちにお求めになっている（マタイ五・一七～一九、二一～二二、二七～二八、四一～四二、二二・三四～三九）。律法が廃されたのは、救われる「ための」道としてであって、救われた者の「目指す祝福の」道である道徳律法は不変である。また儀式律法はキリストによって成就している。

単純すぎるように見えるかもしれないが、この十戒こそが純粋な「神の真実」の結晶である。私たちは、常に十戒を問われており、十戒で抑止されており、十戒で祝福の歩みのために戦うように招かれている（キリスト者のための律法の三用法）。安息日を守ることにおいても、主を愛して礼拝することにおいても、偶像を拒否し、貪りを拒否することにおいても、人を無視したり傷つけたり殺したりしないことにおいても、結婚や真実を大切にすることにおいても、父や母をはじめとして人々に主から委ねられている権威と名誉を敬い従うことにおいても、そうである。これらのことは、社会と政治でも同じであって、私たちがキリストの王権に服するとは、具体的には主を信じるとともに、主の贖いの赦しに立って、この普遍の愛の十戒に服することにほかならず、十戒に向かって前進していくことである（ピリピ三・一二～一六）。すべての法律も政策も経済活動も軍事活動も、十戒の深い原則に照らし、正当でなければならない。その際、聖書にある十戒の適用の様々な範例に学んで、よく祈って十戒の原則とその意味を思索したうえで十戒を適用し、判断する必要がある（それぞれの十戒の原理については、ウェストミンスター小教理問答書、問三九～八二を参照）。

3　復活のキリストの王権を現在の日本の政治に適用する

(1)　日本の新国家基軸はキリスト者にとって「キリストの国」であると確信しよう。

明治二三年（一八九〇年）は、近代日本が復古主義で覆われた年である。また、キリスト教会にとっても、国際的信条教会から簡易信条による国粋的方向へと舵を切った年であった。この年、大日本帝国憲法、教育勅語と、後の国家主義の日本の柱となるものが立てられた。国家神道体制が始まった年と言える。

「もともと神道は教義のないのが教義」と神社庁長官が国会で発言しているが、国家神道はそれを巧妙に近代化したものだった。国家神道とは、従来の神道神話等を利用して、平田篤胤の思想を軸に天皇を中心とする神道を体系化し天皇教とした創作で、きわめて近代的なものだ。ある研究では、中国の天主教の教理書の模倣があると言われている。その背後には、国家基軸からの中国式および仏式の排除の意図があった。

当初、政府はこの国家神道の国教化を画策して天皇の治世を演出しようとしたが、失敗であったことが明治初期の宗教政策の変遷や教部省の廃止から見て取れる。けれども政府は、国家神道を支える装置となる神社網を、招魂社・靖国神社、伊勢神宮、明治神宮など、各地の護国神社と粛々と進め、国家神道の非宗教化という逆説的な方法で、宗教政策の祭教分離による政教合体への変質という奇策に打って出た。これが明治二三年の激変を生んだ背景で、この年が反動政策への一大転換となった。

この年の帝国議会で、伊藤博文は、日本には欧米のキリスト教に伍する国家基軸がない、仏教も神道も足りないと憂えて、国家基軸には天皇をもってする以外にない、と発言している。欧米に伍するために天皇をキリストに代える近代的宗教をつくりあげ、それを超宗教的儀礼の対象の「国体」として国民に強制し、国民をそれへと洗脳したのだ。その洗脳の装置が、宗教法制・教育統制・国民儀礼だった。まさに、ヨハネの黙示録一三章にある、竜ののたうつ世における獣の国と御用宗教の出現であった。今もこのときつくられた幻を日本のあるべき唯一の姿と信じて追っている、天皇に国家基軸を置く人が多くいる。今、その復古の流れが強まっているが、私たちがそのような考え方に抗していくためには、国家神道の「国体」の欺瞞性を明らかに示すとともに、新しい国家基軸を示さなければならない。

(2) 新しい国家基軸——「良心の自由の国」——キリストに仕える国をめざして。

新しい国家基軸は、キリスト者にとってははっきりしている。それは、私たちの主である、天の御座に座しておられる王なる救い主、イエス・キリストのご支配の現実である。この方が国家基軸だ。ほかにはあり得ない。

では、それは、主キリストの仲保者王権の考えに立って、現在の罪の世、すなわち終末に至るまでの世においては、どのような形の表現になるのだろうか。仲保者王権の啓示において、政教分離のみこころは聖書ではっきりしている。しかし、キリストとこの世に二元的に仕えるということがあり得ないことも明らかである。キリスト者が掲げる新しい国家基軸は、私たち自身には「キリストの国」ということになるだろう。しかし、それは非キリスト者も含めるとき「良心の自由の国」ということになるのではないか。私たちがクリスチャンとして良心をもって仕えるのは、よみがえりのキリストなのだから、「良心の自由の国」を「キリストに仕える国」と当然考えるわけである。そしてキリスト者は、この国に、みことばにより、今、天の御座にいます見えざる真の王キリストへの信仰の良心をもって、仕えるのである。

(3) 新しい国家基軸を立てていく営み。

この新しい国家基軸を立てていくことを目指して、私たちは社会の情勢を判断し、歩んでいくことになる。そのために求められるのは、まず、忠実な忍耐深いみことばの宣教と、主の教会の形成と、主に仕える証しである。私たちキリスト者は、御霊とみことばによるキリストの御名の宣教が、未来の世代を超えて、この日本で前進するために、今それぞれの立場からみことばに仕える使命に従っている。これからも、このみことばの宣言の働きを、教会でまた社会に対して粘り強く一貫して継続する(Proclaiming)。次に、主の前における個人と日本社会の悔い改めを目指し、良心的服従の信仰の証し(Witness!)に献身する。さらに、この働きを、キリスト者の国際的良心的交流で強化し、防衛する(Internationalism)。宣べ伝え続け、証しに献身し、国際的交流で励まし合う、これらの三つの営みが、キリストを王とする国家への営みとなる。

(4) その際に留意すべきいくつかの点をあげておこう。
まず、中世のアウグスティヌス主義的な教会による政教一致的支配を企図しているという批判に対して、キリストの仲保者的王権のもとでの教会と国家の政教分離と相互関係を正確に説明し、反論する必要がある。しかし、政治と教会の一致でない聖書的な政教分離の原理を大前提としつつも、この世に対し、為政者に対して教会がみことばから語り、みことばを立てる責任を明確に示さなければならない。また、新しい国家基軸とは、見えない王キリストにお仕えするという国家の「霊的柱」を意味することを明確にするべきだ。

なお、フランス革命起源の無神論的民主主義（無神論的自由、無神論的政教分離）と訣別せねばならない。そして、これは政治社会の背後に信仰を置くことであり、キリスト者にとって必然であることを確認しておく必要もある。

4　キリスト王権への良心的服従実現の一歩としての現行日本国憲法の歴史的位置と課題

(1) 多くの死者を出した後の敗戦の時に、国家神道体制廃絶の国家的義務に応えて、その第一歩として現行日本国憲法が、国民の過去への悔悟と未来への願いの祈りを込めて制定された（ICU森本副学長の朝日新聞への寄稿の言葉）。旧国家神道体制を脱するため、「人権」「信仰と良心の自由」など、明らかにキリスト教遺産の思想的助力があって制定された。しかし、その遺産自体も国家神道廃絶の方法も不徹底なところが多くあった。

(2) 「菊」を必然とする宗教性の廃絶と相関する「刀」の関係が鍵であった。国家神道体制の中核に位置する天皇制（菊）に立つ八紘一宇の世界観と、天皇の統率する旧日本軍の武力（刀）の、決して切れない相関関係が、旧大日本帝国の狂信的侵略を生み出した元凶であったことは明らかである。

この二つを分断するためにも、現行日本国憲法が立てられている。天皇制の崩壊は日本社会の崩壊に繋がり、共産主義を利するとの助言を得て（賀川豊彦も彼の立場からマッカーサーに助言している）、現行憲法は象徴天皇制の形の立憲君主制で、天皇制を戦争責任も問わず触れずに残す反面、日本が軍隊をもつことを全面的に否定した。これは国家としては歴史上ない異常とも言える形態で、結果的に戦後の日本の復興と経済的繁栄に利したのだが、その特異性は武力と天皇制との相関の分断という意図に気づいてはじめて正しく理解される。国家神道解体はいまだ途上で、現行憲法はその里程標なのである。

(3) 神政国家の祭祀（天皇の祭祀）の廃止が必然であり分岐点である。

現行日本国憲法における天皇制の象徴天皇制という蓑の中での温存は、国家神道体制の冷凍保存であったが、それが今や堂々と解凍されてきている。やがて時が来て、国家神道体制の復興か廃絶かの選択が問われることになる。国家神道の廃絶を選択するために分岐点となるのは、天皇の祭祀である。神政国家の祭祀は国家神道を捨てるには廃されなければならない。これは「文化」というような名前で保つことができるほど軽くなく、本気なものである。これは誤りであって、捨てるほかないものだ。

これが日本人にとって大きな思想的な「踏み絵」となるだろう。日本に御霊の働きを祈るほかない。

(4) 「天皇」が、国民の一人である「王」となること、および名称の改正の必要

天皇が姓名をもつ一人の国民となり、「天皇の祭祀」に縛られないで、自由に神とイエス・キリストを信じる自由を与えられた日本の象徴的王権をもつ支配者となるときに、私たちは「天の皇帝」というイエス・キリストの神にのみふさわしい名称を廃して、これを「日本国王」のようなより冒瀆的でない名称に改正する必要という困難な課題をもつことになるだろう。

(5) 以上、百年に及ぶ日本近世史を超える視野をもって、国家神道を乗り越える幻を育んでいきたい。なお、キリストの王権を認め、倫理性の土台とする社会が実現されたなら、それでもなお日本の中に残る、国家神道体制こそが日本国の土台だと考えている人々も含めて、日本にいるすべての人の、「神の形である人間」としての尊厳と人権に基づく良心の自由は尊重される。そのために、教会の国家社会に対する霊的独立性と神のことばに立って発言する自由が常に保証され、国家と教会の管轄領域の政教分離が共にキリストの仲保者的王権のしもべと認識されて徹底される。すべて聖書的人権と自由が基礎である。

5 なお残る日本の霊的革命を妨げる国家儀礼との戦い

国家神道体制との戦いはもちろん重要だが、現実の戦いは実は国家儀礼を廃止するための戦いである。天皇制に淵源する「国家神道」が、日本という国家社会において信仰と良心の自由を脅かす危険性として、国家儀礼の強要がある。ヨハネス・G・ヴォス（Johannes G. Vos）が、第二次世界大戦中に旧満州から強制送還されて帰国した後、一九四三年にウェストミンスター神学校の神学雑誌に掲載した論文（その要点は後出）に、すでに国家神道体制とのわれわれの現在に至る戦いの骨格が示されている。敵である国家神道は本質的に何ら変わっていない。その一つは国家儀礼の強制である。論文には、旧満州における日本の宗教政策を下敷きにして、キリスト教宣教と日本の国家権力の関係が詳しく聖書的に分析されている。その論文を読めば、私たちは日本でキリスト者としてはっきり意識し、祈るべき国家神道との戦いへと導かれる。具体的には現在も続いている宗教法制・公教育・国家儀礼の三本柱への不断の戦いを認識せねばならない。（詳しくは第三章、4、(2)を参照）

第三章　日本の国家社会の課題——国家神道体制の危険とキリスト王権への信仰——

日本の政治と社会をキリスト者として見るとき、決して見逃せないのは、国家神道体制の危険である。今日「日本会議」を中核とした隠然たる復古勢力が政治社会権力機構に浸透し、日本社会はかつての滅びの道、未来のない国家的ノスタルジアの道に迷い込んでいる。日本会議の危険についての報道が以前より進展するにつれて、会議自体の本質を隠蔽しようとする狡猾で欺瞞的な姿勢が現れている。右傾化した世論の支持を背景に、アジア諸国や米国の反対を無視して、過去の罪の悔い改めをできるかぎり避けようとする現在の政権や右翼的政党の存在があり、私たちは安保法案の強行や憲法改正への強引な流れをいま目の当たりにしている。阻止できる勢力も、有力な論調も色あせ、若い世代の中にも復古的愛国主義に依存する心情が広がっている。

特に偏狭なナショナリズムが世界各国に広がる昨今である。今こそキリスト者は、よみがえり天に座される王なる救い主キリストへの信仰に立って、近代日本が案出した明治二三年以来の天皇（「天の皇帝」との自称なら、第一戒違反で、キリスト者にとって許される呼称ではない）を中心とした「国家神道体制を基軸」とする体制を廃絶すべく、神の前にへりくだり、愛と平和と正義というキリスト教の普遍的国際的真理と倫理に立って、「信仰の愛と良心の自由を基軸」とする新しい日本を建設する聖書的確信を、世界の中で明確にすることが求められている。

1　キリストへの信仰とキリスト者の政治的社会的証しの関係

(1)　キリストへの信仰には、聖書の神学的基本構造である「キリストの王権（着座）」の信仰が、復活信仰と一体のものとして大切である。

旧約聖書では、たとえば詩篇において、「主は王である」という告白が繰り返される。また、捕囚後、特に帰還後の預言者や聖書正典結集の土台は、「メシアの契約と王権」であった。そして、主の十字架は、その王権のしるしとなった、「キリストの仲保者としての王権」である。十字架による罪の贖いの上に立ち、世界を愛によって治める王権、キリストが仲保者（大祭司・贖い主）として、異邦の国々の中に散らばるご自分の子ら（教会）を、終末が来るまで世の王たちから守られる仲保者としての王権を、聖書は至るところで示している。主の王権の到来成就をメッセージの骨格とするマタイの福音書のクライマックスにある、復活の主の大宣教命令は、実は主の王権の成就の宣言であった。

このように、キリストへの信仰の中心にキリスト王権の信仰があり、これがキリストへの信仰とキリスト者の政治的証しを繋ぐものなのである。

(2)　御子なる救い主イエス・キリストの生涯による福音の中心をなすのは、十字架と復活である。神の御子が到来し、十字架上の死で罪の贖いを成し遂げ、復活で永遠のいのちの保証を示された。贖い主キリストを御霊の恵みによって信じて救われた私たちは、彼の「王国」に仕えるものである。私たちは、エレミヤ書にある新しい心の王、黙示録の「王の王」キリストの世界に従って、今、信仰の良心を生きる。復活のキリストは、仲保者なる王として御座に着き、働き人を立てて世界を支配しておられる。キリスト信仰は、今生きて、御座から支配しておられるこの王キリストへの服従で具現化される。

(3)　日本でもキリスト者は、当然その王権を日本の社会で直接当てはめ、それを証しして生活する。コリント人への手紙第一、一五章一二～二五節の「キリストの復活」という福音は、だれにも考えられなかった事実である。

この復活によって、この方が神の御子であること、この方の十字架の死による贖いと罪の赦しの救いが真実であること、また、私たちも、この方が初穂となってくださって、よみがえり、永遠のいのちにあずかることが事実であると証明された。この復活が私たちの教会の中になければ、宣教も信仰も実質を失って形骸化し、真実を失って欺瞞となり、望みを失って信仰を唱えつつ罪の中をいまださまよい滅びるほかない、人間の中で一番哀れなものとなる。そしてこの復活こそが、この世が神の国となっていく未来の土台である。

今やキリストは私たちの初穂としてよみがえってくださった。そして世を支配する王座に着座し、いま人類の心とこの世界を、恵みの聖霊をお遣わしになり、働き人を用いて、ご自分の足のもとに服させておられる。私たちクリスチャンは、この復活と仲保者王権の現実と希望の上に立って、この世で召され、生きている。

これは日本も同じで、当然私たちも、この主の復活の王権を直接当てはめ、証しし生きるべき者である。

(4)　したがって、聖書信仰がなければ、そして聖書を真っ直ぐに信じて、キリストの十字架への信仰とともに、その復活と王権への福音的信仰をもたなければ、この世の権威に対し、キリスト者として政治的に一貫して戦うことも成り立たない。ありえない。不可能である。復活を信じないで、理性のみに頼るキリスト者は、いかに政治に熱心でも、信仰的に一貫する幻をもって、粘り強く戦い続けることができない。

(5) 歴史上の教会の、この世の権力の誤りに対する真の戦いでは、福音信仰に土台があった。初代教会はローマ帝国に対し、よみがえりのキリストの王権が事実いかにまさっているかを確信して、粘り強く戦い抜いた。

イギリス宗教改革史で長きにわたる王との対立を通し、後世のために人権や自由を勝ち取って残した教会は、よみがえりの王キリストにこの世で仕えることを心から信じるピューリタンたちの福音的信仰によって戦った。日本でもキリストの復活と王権の驚くべき事実に言及したホーリネスが、弾圧を受け、証しを残した。韓国では、素朴な聖書的改革派信仰の訓練を受けた長老教会が中心となって、日本の政治的弾圧のもとで戦った。

本当は、単なる憲法論議などでは、この世の権力に対して戦えない。あざけられても、無視されても、復活のキリストの王権の事実を真っ直ぐ信じて証しする聖書信仰の福音主義者のみが、この世の権威に対して真に戦い得るはずなのだ。私たちが十分戦えないのは、聖書を十分に学ばず、真っ直ぐ福音を信じて生きないからだ。社会への証しと国家政治的問題は深い福音理解を必要とする。そして「キリスト王権」こそ、この教会のこの世の権威に対する戦いの土台となる聖書教理である。

2　政治的社会的事柄をキリスト者が判断するうえでの四つの聖書的原理

イングランド・スコットランド宗教改革史、また、ピューリタンにおける教会国家関係の葛藤の遺産、それが、近代西欧社会の人権・自由（フランス革命の自由との混同が問題だが）・民主主義を生んだ母体となった。それとの関係で、国家社会を考えるための以下の四つの聖書的原理を考えたい。キリスト者の政治的・社会的事柄の思索の基礎である。

(1)　「社会的存在としての神のかたちとしての人間」が、まず社会的思索の前提である。神の国のご計画において、神は何とご自身に似せて造られた人間をその中心に置き、すべてを委ねられた。そしてその人間たちは、教会と国家のもとで生きる社会的存在でもあった。彼らの堕落とともに、当然社会も堕落した。だから、彼らの王キリストの御前での悔い改めは、「社会的悔い改め」も必要だということである。

(2)　次に、「キリスト王権の下の教会と国家の対峙」の自覚だ。キリストの仲保者としての王権のもとで、教会と国家がそれぞれの権威を委ねられたのだが、この両者の権威の関係の歴史が教会史である。キリストの仲保者的王権の委ねられた「恵みの王権」（教会）と「力の王権」（国家）をそれぞれがもっている。キリスト者は、この両者の王権の構造の中ですべての社会的事柄を考えていく。

(3)　そして「政教分離」の大原則である。これは、教会の国家に対する霊的自律性の根本にある。教会のみことばによる権威が国家から明確に分離したものとして存在することが、王キリストのみことばに立つ教会の信仰の自由にとって重大だ。これは、市民としての服従とは区別して考えられなければならない。

(4) また、「信仰の自由」の原理である。これが国家社会の基軸ともなる。それはまず、神にある良心と信仰の自由であり、キリストの救いゆえの自由、ただ王キリストのみことばに服する自由、それを宣べ伝える自由であり、みこころ（十戒の愛）に従って生きる自由、信仰と良心によって発言し、生活し、行動する自由である。

3 なぜ日本の教会はキリスト信仰に立てなかったのか。日本教会史を振り返って

(1) 日本の教会の歴史を振り返るとき、日本のドアは神様に三回ノックされている。殉教で終わったキリシタンのとき、禁教が解けた明治維新の後、そして第二次世界大戦後……そして今はどうだろうか。日本の国で「キリストの王国」にどのように仕えるかは、日本宣教の根本問題である。日本宣教の根底に常に横たわるものとして認識すべき戦いとは何か。信者の日常生活の背後にあるもの、日本での彼らのあり方の理由である背景を、過去の歴史の事実からよく悟ることができる。なぜ日本の教会は骨抜きとされて崩壊するのか。理由は「カエサルの国」の崇拝に呑み込まれる偶像礼拝の圧力にある。プロテスタント日本伝道の困難は、百年以上にわたる偶像礼拝に対する麻痺の影響下にあることにある。世界大戦を戦う日本を支えた日本精神。教会が天皇崇拝をし、国家神道を超宗教としてそれに迎合したという冷厳な事実を生んだ構造だ。

これは、単なる教会成長論では乗り越えられない。クリスチャンの生活と社会におけるみことばの実践、祈りの支え、王なるキリストへの忠誠の悔い改めと証しの積み重ねが要る。まず、信仰の良心の自由、キリストのみこころに仕える信仰による礼拝と行動の自由、それに堅く立って実践することである。そして、聖さと愛の証し（初代教会の成長の秘密）、キリストの罪の赦しによって悔い改めて十戒の愛を目指す戦いが求められる。市民としては、権威に従いつつ良心の自由を主張し、他方、教会としては、権力に対して霊的観点から明確に警告する必要がある（ジョン・M・L・ヤング『宣教師が観た天皇制とキリスト教』〔*The Two Empires in Japan*〕燦葉出版社、二〇〇五年）。

(2) 教会は、聖霊に導かれ、神のことばに立つ。そして、また歴史的な存在でもある。今日のプロテスタント教会は、福音主義（敬虔主義）的流れによって歴史的位置が曖昧化している。スコットランド長老主義の証しが、日本の「信仰の自由の危機に対する警鐘」として重要である。「キリストの冠と契約のために」という十六世紀スコットランドで掲げられた「キリストの仲保者としての王権」の聖書の真理が、今や天皇制のある日本でこそ、天皇制と対峙させるために適用できる。

日本の福音主義陣営全般には、国家社会の問題への対応の基礎となる神学がないという課題がある。歴史上の遺産を無視しても歩めるだろう。しかし、私たち日本の教会は、日本の国家社会の政策や問題について、単なる福音主義、敬虔主義の枠にとどまっていて、本当によいのだろうか。警鐘を聴こう！

まず、信仰の自由のための戦いの基礎を確認して、学びを始めたい。聖書の無謬性の信仰に立ち、聖書の一言一言に導かれることである。そして、神の救いの恵みの契約にキリスト信仰によって入れていただき、その恵みに応答する証しとしての生活と社会を目指すことである。信仰の自由によって目指していく生活と社会が、聖書的倫理体系（中心は、十戒の愛）で示されている。救い主、王キリストを通して唯一の神にこの国でもあくまで服していく歩みが、この国の教会を建て、この国を新しく建て上げることになる。

4　日本での偶像の圧力、特に超宗教「国家神道」の圧力についての基本認識

(1)　「神道的風土」――神の教理なき死霊崇拝儀礼の集団的強制

神道的風土の本質は死霊礼拝である。聖書から見れば、サタン的なものである。天皇であれ、その忠臣であれ、先祖であれ、その死霊が神として崇拝される。神道の葬儀（神葬祭）は、神道的風土をよく表している。それは故人の御霊をその家にとどめて、家の守護神となってもらうための儀式とされ、死（帰幽）に際しての通夜祭（遷霊祭《せんれいさい》）は、故人の御霊《みたま》を霊璽《れいじ》に遷し留める儀式であり、「御魂移しの儀」を執り行い、夜を象徴して部屋を暗くし、神職により遺体から霊璽へ御魂が移される。そして葬場祭《そうじょうさい》＝葬儀では、故人への礼拝が繰り返される。

神道には教理がない。神についての教理をもたない（神社本庁代表の国会答弁より）。それはまさに日本人の心情の根底にあるアニミズムの表出であり、真の神を知らず、無神論的に人間を神として拝んでいる。その特徴は、集団が例外なく儀礼に参加することを強制するところにある。集団の一致した儀礼参加がないと、その宗教性が崩壊する。日の丸・君が代の強制は、この神道的風土の求める国体としての儀礼を国家基軸に立てようとする。明治二三年以来の国家神道体制（旧大日本帝国憲法・教育勅語等）の復古にしか、日本の政治の多数が国家の土台を見いだせないことがそこに現れている。

(2)「国家神道」──天皇制に淵源する、日本という国家社会において信仰と良心の自由を脅かす最も危険な要素

伊藤博文の認識、平田神学の欺瞞、すなわち、国家神道体制にすがるしかない日本社会、その幻想と浮遊が今も続いている。第二章の章末で述べたように、ヨハネス・G・ヴォスが旧満州での経験をもとに行った神学的分析が、現在も当てはまる。今も変わらないこの日本の官憲の体質の事実が広く認識されるべきである。彼の論文の要点は以下のとおりだ。

「宗教的自由とは、信仰と良心の自由・告白と実行の自由・信仰の伝道の自由である。日本国家の侵害の道とは、内務省の宗教政策の発想法であって以下の三つである。日本の為政者は、超宗教『国家神道』の名のもとに、①教育統制、②国民儀礼の強制、③宗教団体の法規制の三方面を駆使して、宗教的自由を侵害する。そのときキリスト教会内に次のような妥協が生じる。すなわち、倫理の不健全化、福音の使信の狭隘化、有神論より人の福祉に重点を置く傾向、教会を守る神の力への不信、教会の真の実利の見間違い、個人に隠遁して、宗教を生活から分離する思考停止による霊的退却、などである。……国家による信仰の自由の侵害に対し、合わせていく態度は根本的に不健全だ。悪を破壊するのが聖書の倫理である。悪に同意することを果敢に拒否する者であれ。そのような『同意』は原理問題の妥協である。信仰によって歩むのがわれわれである。教会は悪との妥協を拒否したとき、すべての悪に打ち勝つ神の力を証しするものとされた。Nec Tamen Consumebatur!（出エジプト記三章一～一二節に由来するスコットランド教会の紋章の標語＝柴は燃え尽きない）……西洋なら抵抗できるが、東洋では同意せざるを得ないというか。信仰の自由は、血を流す抵抗

なしに西洋でも勝ち取れなかった。どこででも、絶えず監視を続け、必要なら英雄的犠牲をささげないと長くは持続できないものだ。東洋のアンドリュー・メルヴィルを！『王よ、スコットランドには二人の王、二つの王国がございます。……彼の王国においてあなたは王でなく、主でなく、かしらでなく、肢であります』と彼は王に言った。王なるキリストの地位・栄誉はだれにもゆずることはできない」（*Christian Missions and the Civil Magistrate in the Far East*〔極東におけるキリスト教宣教と国家権力〕, Westminster Theological Journal, Westminster Theological Seminary, 1943-1 所収)。

(3) 日本の本質は、驚くほど半世紀前と変わっていない。国家によって侵害されるキリスト者の自由の制限は、三つのおもな線に沿って行使されている。①教育政策――クリスチャンの教育上の権利の制限、教科書への規制など。②市民的忠誠の保証として国民儀礼・(偶像) 崇拝儀礼への参加を強要。③キリスト教宣教団体と教会が為政者の支配を受けるようにという要求（宗教法制拡充)。日本の信徒一人ひとりの信仰生活の証しの戦いと苦悩とは、日本の教会の克服すべきこの構造的問題と直結している。それは結局、日本における「キリストの王権の信仰の自由確立」に帰する。まさにヨハネス・G・ヴォスの言う、この国家の体質と信仰の自由への態度がわれわれの論点を決定する軸となる現実である。

5 なぜ君が代・日の丸に反対するのか

日本の政治社会の国家神道復古の体質が象徴的に現れてきたのは、日の丸・君が代問題であった。政府や一部地方自治体は、日の丸・君が代儀礼を当初は強要しないと明言していたにもかかわらず、今や平然と一枚岩となって強制している。それで、ここで簡潔にそれらに反対する理由を列挙し、確認しておきたい。①国家神道儀礼の復古の意図から出ているから。②戦争責任を曖昧にし、日本の国家としての道徳性を損なうから。③良心と信仰の自由を否定するから。④国体の神的性格を暗示し、偶像礼拝に繋がるから。⑤これを強制する政策が欺瞞的だから。

政府は、国旗国歌法制定の折、内閣府の内部文書で明らかなように、先進国に国旗国歌を強制する例がないことを自らよく知りつつ、国家神道勢力の圧力に屈し、これを何と逆に「国際化のため」と正当化する欺瞞的論理を駆使している。何が、こんなにまでヒステリックに政府を、また学校現場を頑なで一辺倒の非知的な強制に駆り立てているのか。そのことは、この問題の根源である「国家神道儀礼の復古」という真の政治的意図を見抜けば、すべて明らかである。

6　道徳性の問題

道徳教育を語りつつ、教育の場で上述の君が代歌唱のはらむ不道徳性を感じないのは偽善的である。教育の場が真理の探究によってではなく、政治の偽善によって形成されることこそ不幸である。虚無主義・享楽主義には倫理性がない。この国が倫理性を真にもつために、人間が本来備えている、神のかたちであることから出てくる「永遠を思う心」（伝道者三・一一参照）が、よみがえりの希望によって点火される必要がある。ただ死を見つめるだけでは、神のかたちである人間は倫理性を失う。よみがえりのキリスト王権と神の国の事実を知ることこそ、人がまともに落ち着いて生きる道なのである。真の希望こそ、倫理性の土台であり、教育の原点である。この意味でも、キリスト者がそれぞれの持ち場で、キリストの復活と王権の事実と希望に立ち、信仰の良心と自由をもつ国を目指して、社会や為政者に対して証しし戦うことは非常に重要である（桜井圀郎・石黒イサク・上中栄・瀧浦滋共著『日本宣教と天皇制』いのちのことば社、二〇〇一年）。

7 日本の社会の危険な体質と憲法改正の動きについて

(1) 自民党などの憲法改正案の、現行憲法また他の案との対比表はWEB上にいろいろある。見たところの印象だが、現行憲法をあちらこちらと、一貫した思想なく、ただ懐古的ナショナリズムと国家統制の功利のために食い散らし、人権や自由などの貴重な人類の歴史的聖書的遺産を厚顔にも骨抜きにしている。後に論ずるが、これに対してキリスト者は、神の御前の良心の自由（キリストの国）という国家基軸を立てて戦わなければならない。日本が再び国家神道・天皇崇拝の滅びの道に入らないようにするため、聖書的良心の自由を国家基軸と考えるべきである。

(2) 戦いの礎としては、現行憲法、特にキリスト教信仰に基を置く自由と人権の条項を守り通すことだ。キリスト王権を日本で始める一歩として、日本国憲法を評価せねばならない。キリスト王権にキリスト者が良心的自由をもって仕えることができる日本の国家社会を目指すうえで、現行憲法が天皇を現人神とする国家神道体制を脱する一歩であったことを感謝し、十分に評価するべきだ。まず前提としてこの点での一切の後退は許されない。「復古的」な憲法改正はすべて拒否すべきである。

ここでさらに、キリスト王権への貢献の要素のある日本国憲法の項目を覚えておこう。敗戦時に憲法に込められた祈りの継続ということにもなる。それは、主権在民、良心と信仰の自由、基本的人権（人格）の保障、象徴天皇制における「天皇の国」の残滓と相関する武力の放棄、平和を希求する国際主義などである。

(3) キリスト者として憲法を考えるときの具体的なスタンスはどうなるか考えてみた。

キリスト者としては、復活のキリストの仲保者的王権を、日本の国家の前提として公に告白し(詩篇二一・六〜一二a、マタイ二八・一八)、そのうえでキリストの王権を委ねられた為政者に主への良心の許すかぎり服することから始まる(ローマ一三・一)。この意味で、私たちの国家基軸は、「天皇の国」でなく「キリストの国」である。非キリスト者にとっての国家基軸はおそらく、「良心の自由の国」と表現されることになる。神によって各人の心に刻まれた「良心による自由」に現れる人格の尊厳である(ローマ二・一五)。

この「キリストの国・良心の自由の国」の、国家的社会的基準は、端的にはキリストの倫理基準、すなわち不変の十戒の愛である。つまり、憲法も、すべての立法・司法・行政も、この十戒に啓示された愛の原則によって、私たちは評価し、改革することになる。したがって、憲法の「良心と信仰の自由」の項目はいっさい改変を許さない。

象徴天皇制は、終戦時の旧勢力との妥協の産物である。国家神道体制の廃絶を徹底するよう改正されなければならない。祭祀等、宗教性を完全廃絶し、国王を国民の一人と見る立憲君主制、ないし大統領制等に移行することになる。宗教性を内包する「天皇」との名称の見直しの検討も必要である。武力の放棄は動かすべきではない。これは、日本とアジアの災危の元凶であった国家神道体制が完全には廃絶されていないことと相関する悔い改めの証しであり、日本が亡びないための安全弁である。国家神道体制が真に悔い改められる時になれば、アジア諸国との対話の中で名誉ある地位を占めたいという前提のもとで、紛争に巻き込まれない平和の国であり続けるよう、分をわきまえる知恵を求めることになる。その際も国際的な政治解決を前提に置き、侵略的企図を根絶した警察・自衛が想定される。

このように考えてくると、憲法改悪にまず立ち向かわねばならない。そして、時が来れば、憲法の「天皇の国」の残滓を払拭する。そして「王キリストに仕える良心の自由の国」を祈り求めて、新しい日本を希求する。

(4) われわれの祈りは、そのような霊的革命を支える地の塩としての教会が、その時までに日本に備えられることだ。王なる救い主キリストに仕える聖書に忠実で堅実な宣教が祈られる。王キリストの御霊がこの日本の地で、今、人々を天国へ救い入れる救霊のみわざとともに、そのような王キリストに仕える霊的革命の目的を目指して宣教を進めておられることを心から信じる。

「イエスは近づいて来て、彼らにこう言われた。『わたしには天においても地においても、すべての権威が与えられています。ですから、あなたがたは行って、あらゆる国の人々を弟子としなさい。』」(マタイ二八・一八〜一九a)

一九三〇年代のキリスト教学校と天皇制
——宣教師ラマートの見た日本——

辻　直人

はじめに

日米間でまだ戦争状態が続く最中の一九四四年のアメリカで、とある衝撃的なタイトルの書物が出版された。『ニッポン——その罪と罰（*Nippon, The Crime and Punishment of Japan*）』と題されたその本の著者は、ウィリス・ラマート（Willis Church Lamott, 1893-1960）、一九一九年から一九三八年までの十九年間、日本で活動していた米国長老教会宣教師である。ラマートは同書の中で、日本社会の特徴と問題点を指摘し、特に天皇制に支配された日本の国家体制を激しく糾弾している。ラマートは、なぜこのような厳しい「怒り」の声を日本に対して向けたのだろうか。

ラマートは一九一九年に来日し、最初は福井の教会（日本キリスト教会福井宝永教会）に赴任した後、一九二三年からは明治学院高等学部教授に着任して、英語および聖書教育、宣教活動に従事し、生徒からも慕われていた。しかし、来日十七年目にあたる一九三五年十二月、高輪警察署で二日間にわたり「不敬罪」容疑で取り調べを受けることになってしまう。いわゆる「ラマート事件」と呼ばれるこの出来事は、ラマート自身のその後の言動だけでなく、以降のキリスト教学校が歩む道においても大きな影響を与えることとなった。

時を同じくして「ラマート事件」の起きた一九三五年の二月に、同志社第十代総長に就任した湯浅八郎（一八九〇―一九八一年）は、一九三七年十二月に引責辞任するまでの三年弱の間に、配属将校や右派教員らとの複数回にわたるいわゆる「同志社事件」に直面し、学校経営上きわめて困難な状況に追い込まれることとなった。

在任中に直面した「事件」が、その後のキリスト教学校運営に少なからず影響を及ぼした点で、両者は共通している。この二つの事件が東京と京都でほぼ同時期に起きているというのは、偶然とは言えないだろう。一九三〇年代に、その後の戦時体制へ舵を切る大きな事件が東京と京都それぞれのキリスト教学校で起きていた。一九三〇年代は、日本全体に息苦しい「空気」が蔓延していたのではないか。

本稿は、主にラマート事件の真相とラマート自身の主張について検討し、国家体制とどう向き合っていたのか、特に天皇制をどうとらえていたのか、この事件がキリスト教学校にどのような影響を与えたのかを検討してみたい。

1　ラマート宣教師の略歴

ラマートは一八九三年十月、オハイオ州ランカスター（Lancaster）で生まれた。一九一五年にロサンゼルスのオクシデンタル大学（Occidental College）を卒業後、サンフランシスコ神学校に進学し、神学士を取得した。一年ほどエディンバラ大学大学院に留学した後、一九一九年九月に米国長老教会海外伝道局より、日本への宣教師に任命され、横浜港に到着している。最初の一年間は日本語学習に費やし、翌二〇年から二三年までは、前述のように福井で宣教活動に携わった。その後一九二三年に明治学院高等部教授に就任した。明治学院では聖書教育のほか、英語教育にも力を注ぎ、学生たちの英語サークル（ESS）活動にも積極的に関わった。また、在日中は『ジャパン・クリスチャン・イヤーブック』（*The Japan Christian Year Book*）や季刊誌『ジャパン・クリスチャン・クォータリー』（*The Japan Christian Quarterly*）などキリスト教刊行物の編集にも関わった。

ラマート夫妻の墓碑〔筆者撮影〕

一九三八年八月にアメリカに帰国し、米国長老教会海外伝道局出版部長（director of the Editorial and Publicity Division of the Board of Foreign Missions）に就任する。その後一九四〇年三月からはキリスト教教育局宣教師教育部長（director of the department of Missionary Education of the Board of Christian Education）を歴任した。一九四五年の第二次大戦終結後は、母校サンフランシスコ神学校で教鞭をとり、学生部長も務めて後進の指導に励んだ。

一九六〇年十二月に召天して、墓は神学校近くのマウント・タマルパイス墓地（Mount Tamalpais Cemetery）にある。著書も多数あり、日本人学生向けの英語教材『日本人学生のためのイエスの生涯』（*A Life of Jesus for Japanese Students*, Meirindo, 1934）、『実用英会話』（*Useful English, A Textbook of English Conversation*, Meirindo, 1948）のほか、日本を紹介した著作『スズキの見た日本』(*Suzuki Looks at Japan*, Friendship Press, 1934)、世界宣教に関する著作『すべての村々へ』(*Into All Villages*, Friendship Press, 1943) などがある。

2 ラマート事件の真相

では、一九三五年十二月にラマートが高輪警察署において取り調べを受けた事件は、どのような事件だったのか。いくつかの史料から、事件の顚末について明らかにしてみたい。

一九三五年十二月十九日付『ヘラルド・トリビューン』紙 (*Herald Tribune*) は、「アメリカ人宣教師、裕仁への中傷で公判へ——東京で出版物を編集する長老教会宣教師、不敬罪で尋問、国外追放の見込み、ラマートは天皇侮辱の意図を否定」という見出しで、東京からの外電としてラマート事件を大きく報じている。

それによれば、東京で『クリスチャン・グラフィック』誌 (*The Christian Graphic*) の編集を担当している米国長老教会宣教師ラマートは、同誌の最新号 (十二月号) において、裕仁天皇の記述に関して権威者や「日本人愛国者」が無礼と感じる内容の記事を執筆したため、警察から取り調べを受けたという。現状では訴訟件数が多いので、年が改まって公判に入ることになると報じている。警察の発表では、同誌は出版法違反と考えられ、またラマートは国外追放となる可能性があるとも伝えている (実際は追放されていない)。なお、ラマート執筆の『クリスチャン・グラフィック』十二月号の表紙に載せられたとされる記事であるが、現在までのところ、該当する雑誌そのものを発見できていないため、記事内容までは未確認である。

『ヘラルド・トリビューン』特派員のインタビューによれば、ラマートは二日間にわたって地元の警察署で朝十一時から夜八時まで尋問を受け、夜は家に帰ることを許された。[*1] 日本語が堪能のため尋問は日本語で行われ、証人は呼ばれなかった。ラマートは、問題となった記事を書いた意図について「日本文化のある特殊な一面を紹介することで、日本と西洋の友好を深める目的」だけであったと弁明し、取り調べの最後には、皇室への言及が批判的にとらえられたことへの謝罪と、今後は「デリケートな事項」については触れないようにすることを約束させられたという。

次に、一九四〇年七月二十七日付の『イブニング・ブルティン』紙（*The Evening Bulletin*）の記事を見てみよう。同紙がラマートのキリスト教教育局宣教師教育部長就任を報じる記事の中で、その略歴が掲載されている。その中で、ラマートは『ジャパン・クリスチャン・クォータリー』誌編集のほかに『クリスチャン・グラフィック』誌の副編集長（associate editor）をも務めていたと紹介され、さらに「リベラルな意見により、同誌は警察によって出版停止になった」と説明が加えられている。同紙の記事では特にラマート事件そのものについては触れていないが、『クリスチャン・グラフィック』誌が何らかの理由で出版できなくなったことを伝えている。問題となった「リベラルな意見」がつまり天皇に関する言及だったと、前述の『ヘラルド・トリビューン』紙の記事から推測できる。

ウィリス・ラマート
〔明治学院歴史資料館蔵〕

さらに、事件の様子をうかがい知ることのできる史料の一つ、「日本におけるキリスト教と国家の問題に関する観察——特にキリスト教教育をめぐる問題に言及して——」

(Some Observations Concerning the Problem of Christianity and the State in Japan with Special Reference to the Problems of Christian Education. 以下「観察」と略記）という長いタイトルの史料がある。[*2] この史料には具体的な執筆者名が記されておらず、ただ「日本在住のアメリカ人宣教師」とだけ記載されている。駒込武によれば、この文書は、国際宣教協議会（International Mission Council）幹事から米国国務省および英国外務省にも送られたもので、日本政府の検閲を免れるために無記名で書かれたラマートの文書だという。[*3] この文書の中で、実際にラマートが高輪警察より受けた尋問の様子の一部が明らかにされているが、確かにこのような内容はラマート本人でなければ書けないであろう。「観察」によれば、ラマートが明治天皇を「実に偉大な人間だ」と述べたことが問題視されていたことがわかる。その該当箇所の訳は、以下のとおりである。

ウィリス・ラマートが不敬罪で取り調べられた一九三五年十二月、問題の核心は天皇崇拝を時代錯誤と言及したことではなく、明治天皇を「実に偉大な人間」と述べたことにある。ラマートは調査官にキリスト論の核心部を説明することに苦痛を感じた。というのも、その調査官は、一人の人物が人間であり神でもあると信じているとは、キリスト者はなんと馬鹿らしい人たちなのか、と驚きを隠さなかったからである。

同史料では、調査官のセリフがわざわざローマ字で「馬鹿らしい」（bakarashii）と記録されている。この調査官は端からキリスト教信仰を侮辱するような態度を取っていたことが想像され、ラマートにとっては相当の屈辱であったろう。

以上の諸史料から、ラマートの天皇にまつわる何らかの言及が警察当局の目に留まり、警察より尋問を受け、また、それが原因で雑誌が発禁処分を受けたというのが事件の真相と考えられる。

さて、改めて前述の「観察」の引用箇所をよく読んでみれば、実はラマートは天皇を人間と述べたのにとどまらず、天皇崇拝そのものを時代錯誤とも言及していたことがわかる。この点については尋問中さほど追及を受けなかったようだが、ラマートは天皇制そのものに対して疑問を抱いていたと考えられる。

そこで、彼の真意をいくつかの文献から推測してみたい。

3　ラマートの宗教教育への見解——迷信と天皇制

すでに述べたように、残念ながら、『ヘラルド・トリビューン』紙と『イブニング・ブルティン』紙で紹介されていた問題の『クリスチャン・グラフィック』誌については、現物が見つかっていない。発禁処分となったために、日本にはもはや現物は存在しないのであろうか。

そもそも、ラマートはこの記事内容だけが問題になったのだろうか。それとも、以前から目をつけられていた可能性もある。ラマートは、日本の社会、政治、宗教、教育に対してどのような考えを持っていたのだろうか。

ラマートは『ジャパン・クリスチャン・クォータリー』の編集長を一九三五年冬号（一月発行）から帰国直前の一九三八年秋号（十月発行）までの約四年間務めていた。タイトルどおり、同誌は季刊で一月、四月、七月、十月の年四回発行されており、ラマートが尋問を受けたときにも『クォータリー』は発行されていた。

高等学部英文科、高等商学部ESS多摩川ピクニック
真ん中にいるのがラマート（1934年5月）
〔明治学院歴史資料館蔵〕

そこで事件直後に発行された一九三六年冬号に書かれている記事に着目してみた。あいにく、事件に直接言及した記事はなかった。しかし、関連のありそうな記事として「政府が教育の宗教性について言及（Government Speaks on Religion in Education）」という見出しの短文記事が掲載されているので、紹介しよう。

これは、一九三五年十一月二十八日に出された文部次官によって公表された「宗教的情操の涵養に関する留意事項」という通達についての解説と批評である。この記事に記者名は記載されていないが、宗教教育に関わる者の視点から論じられている。

キリスト教学校は一八九九（明治三十二）年八月に、学校における一切の宗教的行為を禁止した文部省訓令第十二号が教育内容に適用されて以来、学校での宗教教育の扱いについて悩まされてきた。新たに発表されたこの通達は、学校は特定の宗教や教派に偏ることなく中立であるべきで、教育勅語と「矛盾スルガゴトキ内容及方法」によって生徒の宗教的情操を涵養してはならないと改めて注意喚起している一方で、「生徒ノ内心ヨリ発現スル宗教的欲求ニ留意シ……之ヲ軽視又ハ侮蔑スルガ如キコト」はあってはならない、とも言及した内容であったので、キリスト教学校指導者たちからはおおむね歓迎された。

しかし、記者は冷静に政府の姿勢を解説している。日本政府は西洋化や個人主義化の潮流を押しとどめるため、また人々の道徳心の低下傾向を食い止めて、大衆、特に若者の精神を高めるための手段として宗教を利用する必要性を認識するようになった、と指摘しているのである。つまり宗教的情操教育が文部省から重視されるようになったのは、西洋的個人主義とは反対の日本的忠誠心、従順な態度を養うことになるためであり、記者はその動向を危惧しているのだった。

また同記事は、通達では特定の宗教に頼ることなく宗教的情操を養うようにと述べられているが、そもそものようなことは可能なのか、迷信に基づいた疑似宗教や一時的に誕生したカルトが社会に浸透している状況において、正統的な宗教は学校教育に貢献できないのか、と問題を投げかけている。疑似宗教への危惧は、ラマートが『クォータリー』の編集長に在任中、何度か述べられてきた。就任後最初の発刊となった一九三五年一月号の社説の中でも、「宗教と迷信（Religion and Superstition）」という題で、新宗教（宗教カルト）と迷信について触れている。昨今の日本では宗教への関心が高まっており、新宗教が週に一つ誕生している状況だという。そして「最も大衆に受け入れられたカルトは神道を基礎としたものだ」と述べている。その背景としてナショナリズムの蔓延と正統的仏教の停滞を指摘し、また、キリスト教界の迷信への対応も後手に回っているとして、以下のように記述している。

私たちは皆、迷信が一般の人々の間に存在することを知っている。しかし、私たちは迷信が人々の心をつかみ、それが彼らの生活に深く織り込まれていることについて全く意識していない。さらに、今日日本に存在するキリスト教は、迷信の殻にうんざりしている人々のニーズに応える準備ができていない……

では、ラマートの言う迷信や疑似宗教とは何だろうか。

著書『ニッポン――その罪と罰』の一節を一部要約して紹介しよう。[*4] 日本の指導者たちが目指している帝国は時代錯誤な考えを土台としている。かつての古代エジプトの王家は自らを太陽神の子孫と呼んでいた、また中世イングランドのアングロサクソン王国の支配者は自らの系譜を神話のオーディンから導き出していた。このように世界史に見られた「神から降臨した支配者像」を、日本は国家形成の土台としている。言い換えれば、日本は時間を逆に戻そうとしている唯一の近代国家であり、原始的で古風な集団意識の中に工業化社会の生活と世界征服の原動力を見出している、と指摘しているのである。

この国では、民族が受け継いできた迷信、特に国の神聖な起源と皇室の神聖な家系を信じることが、この国の運命への信頼を示す強い感情表現とみなされてきた。同書の中でラマートは日本の敗戦を予想しており、神風はいずれやむに違いない、そうなることが、日本が近代国家となる唯一のチャンスだ、とも述べている。

『ニッポン――その罪と罰』の中では、ラマートはこのような「迷信への信仰」が膨張主義、伝統主義、軍国主義と結びついて、日本人の心を縛っていることも指摘している。伝統主義とは平田篤胤の復古神道を土台として、天照大神の子孫である天皇の神性を強調する考えのことを指している。この「迷信」およびそこから派生した疑似宗教（すなわち国家神道）がこの国を支配し、日本人に「神聖」な使命感を吹き込んで、

「迷信」を信じ込ませている。また、日本特有の天皇制国家体制がアジアや世界の恵まれない人々に恵みをもたらすとも信じさせている。こうした伝統主義が軍国主義や膨張主義と結びついて、大東亜新秩序の構築という領土の拡張を正当化している。[*5] 日本の支配者はこの「迷信」を巧みに利用して、国家政策を推し進めていた。ラマートはこうした「迷信」あるいは疑似宗教への懐疑心、すなわち天皇制国家および天皇崇拝への違和感を抱いていたのだった。

事件の起こる前年の一九三四年にラマートがアメリカで出版した『スズキの見た日本』でも、次のようなくだりがある。[*6] 日本には国家を一つの家族として考える精神的理想があり、その理想の中心にすべての家族と権力の頂点である天皇が存在している。天皇への忠誠や孝行という絆で結び合わされていることを「日本精神」と呼ぶ。そして、「日本人以外に、世界へユニークな貢献をしているこの偉大な精神的理想を真に理解できる者はいない」と主人公のスズキ（架空の人物であり、日本人キリスト者と設定されている）に語らせている。キリスト者であっても、天皇に忠義を示すことに違和感を持っていない人物として描かれているのである。

このような愛国心的態度については、『ニッポン――その罪と罰』では次のようなエピソードが紹介されている。アメリカではカリフォルニアを中心にアジア人の排斥運動が起こり、戦時下は西海岸の日系人が強制収容された。こうした事実に対してラマート自身は、アジア人排斥については反対を表明している。[*7] しかし、この問題を日本人と話すとき、広い視野から語れる日本人はほとんどおらず、ただ日本人に対する差別に憤慨しているだけだった。こうした態度は国家主義者と軍国主義者によって強められているとラマートは考えていた。

4　学校における教育勅語の役割

ラマートは日本の学校教育についてもたびたび言及している。帰国後アメリカで出版された著作『ニッポン――その罪と罰』では、日本の教育について、東洋で最初に教育制度を普及させ識字率が九七％に達していることを評価している一方で、教育内容は「単なる先進的な西洋の技術や技能の修得に留まり、西洋文明の根底を支えている自由、人間らしさ、精神的な要素といった部分を欠いていて、人々の持つ可能性は閉じ込められている」と指摘している。[*8] このような指摘は、先ほど紹介した『クォータリー』一九三六年冬号でも見られていた。

教育勅語については、「国家的カルトのマグナカルタ」(the Magna Charta of the National Cult) と述べ、[*9] 日本はプロパガンダ首謀者のパラダイス (the propagandist's paradise)[*10] とまで強烈に日本国家への批判を繰り返している。この表現からも、ラマートが国家神道をカルトとみなしていたことがわかる。

「観察」を書いた宣教師は、日本国内には教育勅語に基づいて一つの宗教が形成されていると批判している。学校では祝日に勅語奉読の儀式を行わなければならないが、多くのキリスト教学校ではこれを礼拝形式で行い、讃美歌や聖書朗読、祈りとともに儀式の意味が語られている。しかし、礼拝形式もいつまでも許されるのかは疑わしい。御真影については、一九三六年夏に基督教教育同盟会（現・キリスト教学校教育同盟）の指導者（理事長のことと思われる）が「勅語奉読式をできるかぎり感銘あるものにすると同時に、御真影の下賜を申し出るように助言した」。実際、キリスト教学校が御真影を下賜されるようになるのは一九三〇年代後半から四〇年代にかけての時期が最も多いことからも、[*11]同時期のキリスト教学校日本人指導者や、学校を支える保護者、理事たちは、文部省の意向に沿うことを重視していた様子がうかがえる。

一方で文部省は一九三六年十一月に、御真影を飾るのにチャペルはふさわしくないと指導している。ある学校では、キリストの昇天を描いたステンドグラスをカーテンで隠さなければ、御真影を飾ってはいけない、と当局から注意を受けたとも「観察」筆者の宣教師は記録している。

5　一九三〇年代のキリスト教学校をめぐる動き

一九三〇年代のキリスト教学校は、神社参拝をめぐって国家の要求への対処に苦慮し始めた時期でもある。一九三二年五月には上智大学学生が靖国神社参拝拒否事件を起こして問題となり、一九三三年にも教会員子弟が神社参拝を拒否したことを発端に教会が強い弾圧を受けた「美濃ミッション事件」が起きた。それより先に植民地においてもキリスト教学校への神社参拝強要が始まっている。一九三〇年十一月に開かれた基督教教育同盟会第十九回総会では、台南長老教中学より神社参拝に関する議題が提出され、[*12]その議題を受けて田川大吉郎理事長は「政府ハ速カニ神社ノ本質及ビ参拝ノ内容ヲ更ニ明確ニシ、信仰ノ自由ノ大義ヲイヨイヨ確実ニ保証セラレムコトヲ希望ス」と表明した。[*13]その後、一九三三年十一月、第二十二回教育同盟総会懇談会では「神社参拝は教育行事であって宗教的礼拝でない」ことが確認されている。徐々に宗教および宗教教育も国家の統制下に置かれ、内容への関与が強められていった。しかも、キリスト教学校側も国の方針に従う姿勢を見せ始めた時期でもあった。このような国家神道をめぐる政策やそれに対する社会、学校の対応について少なからぬ疑念をラマートは有していたと考えられる。

一九三五年二月には「天皇機関説」事件により、美濃部達吉が不敬罪容疑で取り調べを受けている（起訴猶予）。美濃部はその後、貴族院を辞職した。同年十月には国体明徴声明を岡田啓介内閣が発表し、天皇機関説を公式に排除した。この事件をきっかけに、天皇についての言及は安易にできない状況となり、かえって、天皇の神格化と「臣民」の忠誠心強化が国是となっていった。その具体的方策が神社参拝や教育勅語、御真影奉戴であった。

このような潮流に対して、ラマートは宣教師の立場から批判的な意見を持っていた。そして、そのような批判は処罰の対象となることを、キリスト教学校に強烈に示したのが「ラマート事件」の歴史的意義だったと言えよう。これ以降、キリスト教学校ではますます国家に対する従順さが強められた。

6　ラマートの見た明治学院学内の様子

もともと明治学院は、自由な雰囲気の強い学院だった。ラマート文書では、彼の在職していた明治学院に関するいくつかのエピソードが紹介されている。一九三〇年代のキリスト教学校の様子、事態の受けとめ方に対する学生と教職員指導者との違いが見られ、とても興味深いので、紹介したい。

明治学院では将校が高等学部学生の教練を視察中に、「国の第一の目的は何か。人民の幸福を保障することか、それとも強力な軍事力を作り上げることか」と尋ねたところ、三〇名の学生が「人民の幸福」に手を挙げ、罰として行進させられた。[*14]

このエピソードは、当時の明治学院で何が教えられていたのか、すなわち明治学院がキリスト教教育として何を大事にしていたのか想像させる内容と言える。一九三〇年代の明治学院では、国家へ奉仕することよりも、人としての幸福を追求することがよいと公然と語られていたことを示している。個人の権利が軽視されていた当時において、幸福に生きる権利を生徒たちがはっきりと意識していたことは注目に値する。これこそ、政府が排除としようとしていた個人主義的発想であったろう。

明治学院では、田川大吉郎学院長が理事会の一任をとりつけ、教練実施の可否を学生協議会に委ね、投票により一一七対八二で（高等学部では）実施しないことを決議し、一九二七年までの期間は行わなかった。しかし、「商業科生を中心に、軍事教練が成績単位からはずれると就職に不利になるという声が起り、一九二八（昭和三）年一月再度、学生協議会で議論した結果、一八七対一一六票の差で今度は実施を可決した」。[*15]神学部予科では一九二八年三月に「軍事教練反対請願書」が提出されたが学校側は受け入れず、実施されることになった。[*16]一九三一年、軍事教練が正式教科になった際は、社会科学生一部がストライキを起こすなど、学生が主張をはっきり示すことが許されていた。

もう一つ、別のエピソードも見ておきたい。

教育勅語の置かれている集会室で、ある教員が学生を笑わせるようなアナウンスをしたことで警戒した雰囲気が広がった。学院長はそのことを内密にするようにと学生を諭し、勅語はいつも以上の丁重さで他の場所に移された。管理職の者たちは、この話が漏れることで、学校当局者に対して不満を抱く学生や同窓生がストライキやデモを鼓舞することになるのではないかと心配した[*17]。

これのエピソードからは、キャンパス内には自由で和やかな雰囲気があったことがわかる。学生も教師も、明るく冗談を言い合ったり、自由にものを語ったりすることができていた。一方、指導者たちは国家政策に対してとても神経をとがらせている様子もわかる。彼らは保護者や学生から悪い評判が出ることをとても怖れており、ゆくゆくはそうした評判が学校存続問題にまで響くことを極度に警戒していたのである。

一九三九年に中学部に入学した蔡玉柱（台湾出身）も、「台湾学生であろうが、韓国の学生であろうが、できる学生には級長にもならせる、副級長にもならせる。（中略）キリスト教主義にもとづく教育をしている明治学院は人権を非常に重んじる。明治学院の先生はビンタひとつぶったことがない。厳しく教えるけれども、そういう体罰はしない[*18]」と回想している。寛大で自由な雰囲気が学院内にはあったのだった。

7　キリスト教学校への不満

このように自由な側面のあった明治学院ではあったが、一方でラマートはキリスト教学校のあり方について不満と疑問もいだいていた。

事件後の『クォータリー』で、唯一ラマートが署名入りで掲載している記事は、自らの著書『スズキの見た日本（*Suzuki Looks at Japan*）』をもじって「宣教師の見た日本のキリスト教学校（A Missionary Looks at

Japanese Christian Schools)」と題されている（一九三七年冬号）。十四頁にも及ぶ同記事からは、キリスト教学校の役割を一定程度評価しつつ、しかしその現状に不満と限界を感じていることが伝わってくる。

ラマートがキリスト教学校について評価している点としては、教師と生徒、生徒同士の関係が公立学校よりも近いと卒業生が感じていること、教会につながる生徒はさほど多くはないものの、キリスト教の精神や教義を多くの人に広めることができていることを挙げている。一方で、多くのエネルギーが宗教教育に費やされているのに、生徒たちのキリスト教への関心は「興味」程度でそれ以上進まないこと、試験を意識した（単にノートに授業内容を写すだけの）教育方法にほとんどの宣教師が満足していないこと、そして結局は文部省の考えが教育上唯一の基準になってしまっていることを問題点として挙げている。キリスト教学校の実態は、キリスト者たちの支援によって提供された一般普通教育にほかならず、国家教育制度の一部でしかない。文部省によって示された教育課程に従って運営していくしかないことは、ラマートの不満の一つだった。

また、史料「観察」の中でも、キリスト教学校の様子がいくつか紹介されている。

まずキリスト教学校を支える人たちについてである。多くのキリスト教系学校で「非キリスト教徒の同窓会や保護者たちからなる組織」が「国体明徴」を要求し、これらの組織が時には職業的暴力団のような「愛国者」により扇動されている、と述べられている。同様の指摘は、『クォータリー』一九三六年秋号の社説にも見受けられる。「日本のキリスト教学校における問題は何か（What is the Matter with Japanese Christian Schools?）」と題されたその記事によれば、理事や同窓生などキリスト教学校を支える人たちは、日本の教育制度に見合った形で学校を発展させることや、宣教師やミッション・ボードの考えに当てはめるのでなく、日本各地で広く用いられている基準で学校を整備していくことを望んでいた。また「観察」の中には、軍は外国人という理由で宣教師を国家の敵と見ているとも書かれている。宣教師やミッション・ボードの考えとキリスト教学校を支える日本人たちの思いが乖離《かいり》し始めているとこれらの記者はとらえているのである。

宣教師は上記のような日本の現状に対して、「観察」の中で次のような疑問を投げかけている。

何故キリスト教界や学校はこのような社会状況にもっと関心を持たないのか？　何故、朝鮮や台湾のようにもっと衝突が起きないのか？　日本人キリスト者はこの問題について関心は持っている。しかし彼らの関心は、本土の外にいる人々は理解しがたい特定の考えにすり替えられている。

宣教師は、日本人キリスト者たちの考えがすり替えられてしまう三つの要因を挙げている。第一に、キリスト教界指導者は文民官僚を軍の圧力から守ってくれる「味方」とみなし、従っている点。文部省で官僚と話し合いを持ったキリスト教学校の指導者たちはみな、彼らが最大の配慮をしてくれたと報告している。配属将校の厳しい態度とは対照的に、キリスト教指導者に対する文部官僚の態度は穏やか、かつ礼儀正しいらしい。これが、日本人キリスト者が従順に見える理由の一つとしている。第二に、日本人は歴史的に神道を宗教とみなしておらず、信教の自由を侵すような話ではないと考えている点。そして第三に、キリスト教も神道も同じ「神」という単語を彼らのgod(s) を表すのに使っている点が、外部の人間にとって日本人の態度をわかりにくくさせている。本来、キリスト教の「神」は「天におられる父」を指し、神道の「神」は自然の霊や歴史および神話の英雄たち、皇室の先祖を指す。しかし、同じ単語を使うことで両者は容易に置き換えられたり混ざったりする。ただ一方で、日本のキリスト者たちは秘密裏に物事を考えたり、祈禱会や小グループでの集まりにおいてこうした問題を話し合ったりしていると言う。

この文書を書いた宣教師は、日本人キリスト者が本心を表に出さずに隠れて話し合っている様子や、表面上は従順に国の指示に従っている態度を不思議な思いで見つめていたのだろう。

以上見てきたように、日本のキリスト教学校は政府（文部省）の指示に従順で、キリスト教を市民に広める一定の役割は果たしているものの、徐々に教育内容が「骨抜き」にされていくことを、ラマートは歯がゆい思いで見つめていたのである。

8　ラマート事件の影響

(1)　明治学院ホキエ宣教師の苦渋の決断

ラマートが帰国した直後の一九三八年九月、明治学院長事務取扱だったウィリス・ホキエ（Willis Gilbert Hoekije）は文部省に招かれ「御真影奉戴」に関する学院の方針を尋ねられた。翌十月、「自分がアメリカ人であることによって、学院に不利益が及ぶことをおそれ、理事会にはかり、（御真影の）受け入れを決定し」[*19]、礼拝堂の一角を奉安殿に改造した。ホキエのこの決断の背景には、そのタイミングから推察すると、ラマート事件によって生じた緊張感を学内からいち早く取り除こうとする意向があったのではないだろうか。なお奉戴当日、文部省では「御真影」はホキエには直接渡されず、随行した加藤七郎幹事に渡された（加藤は文部省を出てからホキエに渡した）。

同じ宣教師であったが、ホキエの決断は苦渋に満ちたものであったに違いない。つまり、学院のトップという立場から、学院の存続を決断したのであった。

(2) 矢野貫城《つらき》の学院長就任

一九三九年九月、彦根高等商業学校校長であり元文部省官僚でもあった矢野貫城が学院長として就任した。矢野は学院長就任後、明治学院だけでなく、基督教教育同盟会理事長や基督教保育連盟理事長にも着任し、各キリスト教学校や幼稚園に、国家政策へ順応した態度を取るよう促すことになる。矢野が学内で実行したいくつかの動きについて紹介する。

一九四〇年四月には高等学部に東亜科を新設した。[*20] これは、東亜新秩序を打ち出し、大東亜共栄圏の実現を目指すうえで必要な人材、すなわち大東亜で指導的役割を果たせる日本人を育成するための学科である。「本科ハ東洋ノ文化並ニ経済事情ニ通シ、支那語ニ堪能ナル実務家ヲ養成スル」（「東亜科設立趣意書」）目的で、定員は一学年五〇名、修業年限三年、初年度入学者は四一名だった。翌年は志願者一〇八名で、入学者五八名と多数の入学希望者が殺到した。戦時下の影響で修業年限は短縮され、一期生は一九四二年九月に卒業した。

一九四〇年九月に開かれた基督教教育同盟会校長会は、同理事会からの提案であった「校長（部長を含む）理事長は日本人とすること」「理事の過半数は日本人とすること」、さらには海外宣教団体からの組織的財政的独立について協議し、これらの事項を各校でも申し合わせることを決めた。

一九四〇年十一月、明治学院理事会で、翌年以降の米国長老教会およびアメリカ改革派教会からの財政援助を辞退することを決議し、アメリカ・ミッションとの関係を完全に絶つこととした。その後一九四一年九月には、学内に残っていたハナフォード夫妻、スミスの三名の宣教師が担当していた授業もすべて「時局の推移に鑑みて」中止となった。[*21]

矢野学院長は教育勅語や神社参拝といった学校行事も、忠実かつ厳粛に行っていった。キリスト教学校は特にアメリカとのつながりを当局から怪しまれる戦時統制下だったからこそ、「政府や軍部との摩擦を避け、学院を弾圧から少なからず守るという一面もあった」という評価もある。[*22] 矢野は戦後になると、南原繁らと教育刷新委員会のメンバーとして教育の民主化に尽力するようになる。

9　湯浅八郎と同志社事件[*23]

明治学院でラマート事件が起きているころ、同志社においても国家と対立をしていた人物がいた。第十代総長を務めていた湯浅八郎である。湯浅はクリスチャンホームの生まれ（一八九〇年）で、母は熊本バンドの系譜である徳富家の出身、父は新島襄から洗礼を受け、その後同志社で事務職に従事していた。湯浅八郎も同志社普通学校（中学）で学び、一九〇六年に同志社教会で受洗している。中学卒業後単身で渡米（一九〇八年）し、最初は農場で働きつつ学んでいたが、その後カンザス農科大学、イリノイ大学大学院（一九一六―一九二〇年）へと進学した。イリノイ大学時代は、ＹＭＣＡの主催する外国人学生親善活動へ参加して、信仰再燃とキリスト教国際主義を経験している。

その後、京都帝国大学農科大学（農学部）教員として招聘を受けて帰国した。しかし京都帝国大学では「滝川事件」（一九三三年）に遭遇する。これは、京都帝国大学法学部滝川幸辰教授の思想を理由に文部省が休職処分を強行したことに対し、法学部教授全員が辞表を提出した事件で、農学部からの評議員だった湯浅は法学部の意見に賛成を表明したことで（評議員で唯一の賛成だった）、右派から敵視されることになった。

その後、義兄でもあった同志社総長大工原銀太郎の急逝を受けて、一九三五年二月、四十四歳で第十代同志社総長に就任した。その在任期間は三年弱だったが、右派と対立する事件が次々と起きている。総長就任四か月目には、学生が無許可で武道場に設置した神棚を学園側が撤去しようとしたところ、配属将校らの反発を受けて設置の許可をせざるを得なくなった「神棚事件」が起きた。その後も、国体明徴の正当性を主張した論文を大学紀要に不掲載としたことへの反発、配属将校草川靖中佐が同志社綱領第三条「同志社ハ基督ノ真精神ヲ信奉ス」の改定要求、チャペル籠城事件など「わたくしがこれ以上がんばっていますと、最後には同志社は潰されるといった状態になってきました[*24]」と判断して、一九三七年十二月、任期半ばで総長を退任せざるを得なくなった。

無職だった一九三八年には、教会関係者から請われてマドラス世界宣教会議に出席し、その成果をアメリカに渡って講演することになった。その矢先に、日米開戦が起きてしまう。アメリカでは日系人の強制収容など日本人を敵視する者もいたが、一方でラガーディア・ニューヨーク市長が在米日本人は被害者だと訴えたり、市民レベルで平和研究会議が多く組織されたりするなど、アメリカの懐の深さを知り、湯浅自身「キリスト教国際主義」への奉仕を志すようになる。戦後は同志社総長に再任され（在任期間一九四七―一九五〇年）、さらに国際基督教大学の初代学長となって、アメリカで身に着けた国際主義を日本で試みるようになる（在任期間一九五三―一九六二年）。

まとめ

ラマートが警察から嫌疑をかけられたのは、彼の主張の中でも、雑誌で発表した特に天皇の神性に関する主張であり、この点が不敬罪の対象となった。しかし、実はラマート自身の主張はそれだけにとどまらず、文部省の教育政策に対して、さらにはキリスト教学校の日本人指導者たちに対しても疑義の念を抱いていた。すなわち、宣教師ラマートにとって、教育勅語や御真影に縛られた教育内容、しかもその内容が記紀神話（迷信）に基づいていることに、強い違和感を持っていた。また、こうした文部省からの要求に対してキリスト教学校が従順に対応し、神社参拝は宗教行為でないと判断したり、キリスト教学校も教育勅語の主旨に基づいた教育を行おうとしたりしていることに疑問を持っていた。キリスト教学校といっても文部省の考えを教育内容の唯一の基準としているうえ、授業内容が信仰の啓発よりも試験勉強に対応させているような実態にも、不満を持っていたことが、彼の執筆記事からうかがえる。

教育政策に強い反対意見を持っていたラマートが取り調べを受けたのは、キリスト教学校にとって大きな打撃であった。少なくともラマートは見せしめとして、犠牲になったと考えられる。一九三五年の段階でこのような事件が起こったことは、その後のキリスト教学校への統制強化を暗示するものであった。ラマートの拘束事件に対し、明治学院側が何か対処したという形跡は残念ながら見られない。また、管見の限り、他の宣教師らが送った報告書や書簡などで、この事件に触れたものはない。この事件に触れることがタブーとなっていた可能性がある。やがて、ラマートの帰国直後に明治学院は御真影を奉戴し、戦時政策への迎合を強めていくことになる。ラマートが文書の中で描いていたリベラルな校風は徐々に失われていったのである。

同志社でも同様に、アメリカで自由とキリスト教に基づく国際主義の精神を体感してきた湯浅八郎は、帰国後の一九三〇年代に、京都帝国大学教授時代と同志社総長時代の時、右派から強い弾圧を受ける。その後、湯浅は一九三七年十二月に同志社総長を辞任し、一方、同志社は一九三八年十月チャペルの横に奉安殿を創建し、国家政策に従う姿勢を見せるようになった。

このキリスト教学校の動きから、今日のわれわれは何が学べるのだろうか。天皇制が政治的に利用され、この国の全体を覆うとき、われわれはどのような態度をとる必要があるのか、現代においても同じ問いが突きつけられている。

注

1 『明治学院百年史』（明治学院編、一九七七年）では、「その年（一九三五年）の一二月一一日の午前一一時三〇分から午後七時までと翌一二日の午前九時半から午後五時半までの二回にわたって」取り調べを受けたと説明されているが（三六六—三六七頁）、この根拠となる史料の詳細については不明である。

2 同史料については、駒込武氏のご厚意で内容を確認することができた。感謝の意を表したい。

3 駒込武「『御真影奉戴』をめぐるキリスト教系学校の動向」冨坂キリスト教センター編『十五年戦争期の天皇制とキリスト教』新教出版社、二〇〇七年、五八六頁。

4 Willis Church Lamott, *Nippon: The Crime and Punishment of Japan*, The John Day Company, 1944, pp. 9–10.

5 Lamott (1944), *ibid.*, p. 26.
6 Willis Church Lamott, *Suzuki Looks At Japan*, Friendship Press, 1934, pp. 39-40.
7 Lamott (1944), *ibid.*, p. 15.
8 Lamott (1944), *ibid.*, p. 1.
9 Lamatt (1944), *ibid.*, p. 134.
10 Lamatt (1944), *ibid.*, p. 148.
11 キリスト教学校教育同盟百年史編纂委員会編『キリスト教学校教育同盟百年史』教文館、二〇一二年、九五—九六頁。
12 辻直人「台南長老教中学の教育同盟加盟の背景と意義について」キリスト教学校教育同盟百年史編纂委員会編『キリスト教学校教育同盟百年史紀要』第八号、二〇一〇年。
13 『キリスト教学校教育同盟百年史』九二頁。
14 "Some Observations Concerning the Problem of Christianity and the State in Japan with Special Refernce to the Problems of Christian Education", by a Missionary in Japan, Summer of 1936.
15 明治学院百五十年史編集委員会編『明治学院百五十年史』二〇一三年、二五〇頁。
16 『明治学院百五十年史』二五二—二五三頁。
17 Lamott (1944), *ibid.*, p. 137.
18 『明治学院百五十年史』二五九頁。
19 『明治学院百五十年史』二四二頁。
20 辻直人「興亜教育とキリスト教主義学校——学科等改編に見るキリスト教主義学校の戦時政策への対応」榑松かほる他『戦時下のキリスト教主義学校』教文館、二〇一七年、一一九—一五四頁。

21 『明治学院時報』一九四一年九月三十日付。

22 『明治学院百五十年史』二五六頁。

23 湯浅八郎についての詳細は、辻直人「湯浅八郎の国際感覚に対するアメリカ滞在の影響――イリノイ大学留学経験を中心に――」立命館大学社会システム研究所『社会システム研究』第三六号、二〇一八年三月、辻直人「湯浅八郎と基督教教育同盟会」『明治学院大学キリスト教研究所紀要』第五二号、二〇二〇年二月を参照のこと。

24 同志社大学アメリカ研究所編『あるリベラリストの回想――湯浅八郎の日本とアメリカ』YMCA出版、一九七七年、五四頁。

執筆者紹介

岡田明（おかだ・あきら）
一九六一年生まれ。都立高校・地歴公民科教諭。著書に『タイムっち〜マンガで読む日本キリスト教史〜』（キリスト新聞社）、『日本史教科書の中のファンタジー』（いのちのことば社）、共著に『信仰の良心のための闘い』（いのちのことば社）などがある。所属教会は日本福音教会連合・主都福音キリスト教会。

福嶋揚（ふくしま・よう）
一九六八年生まれ。東京大学大学院博士課程修了（倫理学）、テュービンゲン大学福音主義神学部を経て、ハイデルベルク大学神学部神学博士。立教大学大学院・東京神学大学・日本聖書神学校・無教会研修所講師。著書に『カール・バルト――破局のなかの希望』（ぷねうま舎）、『カール・バルト――未来学としての神学』（日本基督教団出版局）、訳書にユルゲン・モルトマン『希望の倫理』（新教出版社）ほかがある。

瀧浦滋（たきうら・しげる）
一九四八年、兵庫県神戸市生まれ。中学二年のとき日本キリスト教会住吉教会で受洗。所属教会が教派離脱し、聖書信仰の改革主義単立教会となる。同志社大学文学部英米文学科卒。在学中キリスト者学生会で活動。神戸改革派神学校卒業。一九七六年、北米改革長老教会Japan Commissionで牧師按手。Reformed Theological Seminary（Jackson, Miss., USA）卒業M. Div. Geneva College（Beaver Falls, Pa., USA）よりD. D.を受ける。一九七七年より日本キリスト改革長老・岡本契約教会牧師。一九九六年、神戸神学館を設立、代表／釈義神学・ギリシャ語・共通基礎（聖書・教理・歴史）担当教師。信仰の自由ネットワーク世話人。妻正子二〇一二年召天、三男三女の父、孫十一名。

辻直人（つじ・なおと）
一九七〇年、東京都に生まれる。和光大学現代人間学部教授。専門は日本教育史、教育学、日本キリスト教史。著書に、『近代日本海外留学の目的変容――文部省留学生の派遣実態について』（単著、東信堂）、『キリスト教学校教育同盟百年史』（キリスト教学校教育同盟百年史編纂委員会編、教文館）、『戦時下のキリスト教主義学校』（榑松かほる他と共著、教文館）、『学び合う教室――金森学級と日本の世界教育遺産』（金森俊朗と共著、角川新書）などがある。

＊聖書 新改訳 2017©2017 新日本聖書刊行会

天皇制と平和憲法

2020年4月1日 発行

著 者 岡田 明・福嶋 揚
瀧浦 滋・辻 直人

編 者 信州夏期宣教講座

印刷製本 日本ハイコム株式会社

発 行 いのちのことば社

〒164-0001 東京都中野区中野2-1-5
電話 03-5341-6922（編集）
03-5341-6920（営業）
FAX03-5341-6921
e-mail:support@wlpm.or.jp
http://www.wlpm.or.jp/

ISBN 978-4-264-04151-1

〈信州夏期宣教講座の本〉

神への従順とキリスト者の抵抗権

教会は、何のために、どのような時に「抵抗」すべきか——信仰の先達が正当な権利とした「抵抗権」をローマ人への手紙 13 章からとらえ直し、この地上に置かれた教会に与えられたその権利と義務を問う。●定価 1,200 円 + 税

「日本的キリスト教」を超えて

戦後 70 年を経て、日本の教会はどこが変わったのだろうか。国の体制に迎合していった戦中の教会のありようを引きずったままの姿を批判的に検討し、現代日本における教会が進むべき道を考える。●定価 1,200 円 + 税

東日本大震災から問われる日本の教会

過去の出来事にされつつある東日本大震災を、教会はどのように受けとめればよかったのか。「災害」「棄民」「原発」をキーワードに、震災を経験した五人の著者が、今の日本の宣教のあり方を見つめ直す。●定価 1,000 円 + 税

韓国強制併合から 100 年

日本と韓国の間で結ばれたと言われる条約の背後には、どのようなことがあったのか。伊藤博文を射殺した安重根の人物とその信仰、殉教者として知られる朱基徹牧師の闘いの意味なども考察する。●定価 1,800 円 + 税

和解と教会の責任

戦争をキリスト者はどうとらえるべきか。戦争を起こした国家に対する教会の責任は？　過去に苦痛を与えた近隣諸国や諸民族とどう「和解」したらよいのか。●定価 1,000 円 + 税

それでも主の民として

国家神道の成立過程や美濃ミッションへの迫害、第一戒から教会の社会的、歴史的責任について語るだけでなく、これからの日本において教会がたどるべき道のあり方を探る。●定価 1,200 円 + 税